Publicidade

A MÁQUINA DE DIVULGAR

Dados Internacionais de Catalogação na Publicação (CIP)
(Câmara Brasileira do Livro, SP, Brasil)

Lara, Milton
Publicidade : a máquina de divulgar / Milton Lara. – São Paulo : Editora Senac São Paulo, 2010.

Bibliografia
ISBN 978-85-396-0033-5

1. Publicidade I. Título.

10-09517 CDD-659.1

Índice para catálogo sistemático:
1. Publicidade 659.1

Publicidade
A MÁQUINA DE DIVULGAR

MILTON LARA

editora senac são paulo

ADMINISTRAÇÃO REGIONAL DO SENAC NO ESTADO DE SÃO PAULO
Presidente do Conselho Regional: Abram Szajman
Diretor do Departamento Regional: Luiz Francisco de A. Salgado
Superintendente Universitário e de Desenvolvimento: Luiz Carlos Dourado

EDITORA SENAC SÃO PAULO
Conselho Editorial: Luiz Francisco de A. Salgado
Luiz Carlos Dourado
Darcio Sayad Maia
Lucila Mara Sbrana Sciotti
Marcus Vinicius Barili Alves

Editor: Marcus Vinicius Barili Alves (vinicius@sp.senac.br)

Coordenação de Prospecção e Produção Editorial: Isabel M. M. Alexandre (ialexand@sp.senac.br)
Supervisão de Produção Editorial: Pedro Barros (pedro.barros@sp.senac.br)

Edição de Texto: Pedro Barros
Preparação de Texto: Cristina Marques
Revisão de Texto: Daniel Viana, Edna Viana, Luiza Elena Luchini (coord.)
Projeto Gráfico, Capa e Editoração Eletrônica: Antonio Carlos De Angelis
Ilustração da Capa: Al Moore, *Pin-up girl*, 1950
Impressão e Acabamento: Pancrom Indústria Gráfica

Gerência Comercial: Marcus Vinicius Barili Alves (vinicius@sp.senac.br)
Supervisão de Vendas: Rubens Gonçalves Folha (rfolha@sp.senac.br)
Coordenação Administrativa: Carlos Alberto Alves (calves@sp.senac.br)

Editora Senac São Paulo
Rua Rui Barbosa, 377 – 1º andar – Bela Vista – CEP 01326-010
Caixa Postal 1120 – CEP 01032-970 – São Paulo – SP
Tel. (11) 2187-4450 – Fax (11) 2187-4486
E-mail: editora@sp.senac.br
Home page: http://www.editorasenacsp.com.br

Sumário

Nota do editor

Publicidade: a máquina de divulgar apresenta um panorama da publicidade ao longo da história, suas mudanças de postura, críticas sofridas por parte de opositores e contribuições à sociedade. Irmã do capitalismo, a publicidade surge num momento de transição de forças – que trazia consigo instabilidade e medo. Como afirma o autor, "as pessoas cultas viam, horrorizadas, seu universo escapando das próprias mãos. E, em volta de si, percebiam um mundo diferente".

O livro faz um paralelo entre a sociedade e a publicidade pelo século XX. A obra inicia com a grande mudança do eixo econômico e cultural da França para os Estados Unidos, avança pela pop art e sua mudança revolucionária no conceito de arte, introduz as novas mídias e tecnologias e a forma como a publicidade se integrou a elas para, ao final, vislumbrar caminhos e possibilidades para a propaganda no futuro.

Este livro é uma publicação do Senac São Paulo voltada para estudantes de comunicação e profissionais envolvidos com mídias diversas. Como afirma o autor, "a publicidade é uma senha para entendermos a cultura contemporânea. Estudando-a, estamos estudando uma forma de expressão viva e mutante, que impulsiona a sociedade e é por ela impulsionada".

Introdução

Minha relação com a publicidade vem de há muito.

Na escola, ainda na década de 1960, num trabalho apresentado por colegas mais adiantados, vi, pela primeira vez, algo que desejei conhecer mais que outras coisas: a publicidade.

Foi um trabalho quase infantil, mas que, de tempos em tempos, era interrompido por uma alegre e ruidosa participação dos componentes do grupo que o apresentavam, que, rindo e brincando, anunciavam: "Uma pausa para os nossos comerciais."

Já por volta dos anos 1970, para mim, a publicidade encabeçava as modificações que o mundo sofria – e, em minha visão da época, tudo estava se alterando! A televisão, o rádio, as bancas de jornais, os cartazes, a roupa das pessoas, a moral, as músicas, e surgia também um certo respeito aos ideais da juventude, inédito até então. Lembro-me dos Beatles, das calças boca de sino (enormes!), de objetos estranhos usados como decoração e vestuário, dos irmãos mais velhos e suas movimentações estudantis, e da excitante possibilidade de reconstruir o mundo. Bobagens de uma criança, talvez, mas que me estimularam a conhecer mais e mais o período; e, mais e mais, aquela fascinante arte de entreter vendendo.

Alguns anos depois, na graduação, cheguei a estudar comunicação, mas encaminhei-me para um raciocínio mais sedimentado, o da arquitetura, com seus desdobramentos artísticos e suas vertentes criativas. Para mim, era natural chegar a isso – ainda refém da publicidade, e ansioso por conhecer as questões do leiaute, da página impressa, das possibilidades de representação. E, para trabalhos bi e tri dimensionais do campo visual, os problemas de espaço serviam, e servem, como uma excelente metáfora.

Em 1994, consegui alterar o rumo de meus estudos, abraçando de vez minhas preocupações com a publicidade. E, certo de que poderia compreender melhor a relação entre essa atividade e o nosso tempo, iniciei o mestrado em comunicações.

O resultado foi um calhamaço de informações, metodologicamente sustentadas, que iriam me titular, e depois, talvez, receber o mesmo destino de tantos maravilhosos trabalhos de pesquisa científica que se realizam no Brasil e no mundo: mofar em alguma biblioteca, sem publicação e sem cumprir o destino das ideias, que é o de disseminar informação e gerar diálogos. Sempre me lembro da frase que Caetano Veloso usou em *Reconvexo*, uma de suas composições: "eu sou o cheiro dos livros desesperados"...

Resolvi, então, suavizar a leitura do texto, eliminando alguns procedimentos metodológicos, e incorporar alguns outros dados que me pareceram oportunos na abordagem da publicidade. Sem perder o rumo da pesquisa, procurei acrescentar algo do cenário que cercou a evolução da atividade, tornando mais consistente o conjunto de dados. Tentando retratar a publicidade, busquei observar uma atividade com que ela muito se parecia, embora fosse ideologicamente oposta: a arte no século XX.

Em artigo escrito *a posteriori*,[1] fiz um estudo mais detalhado dessas relações e enunciei meu ponto de vista sobre o tema. O trabalho aqui apresentado traça (ou busca traçar) um panorama, amplo e rico em detalhes, do pensamento que orienta a publicidade.

Vou discutir a atividade, num primeiro momento, eticamente, procurando absolvê-la de críticas – no meu entender – infundadas.

Como se verá, mais que uma história da publicidade, buscamos informações que sustentem a percepção de seu papel como introdutora de mudanças e fonte de mensagens. Uma máquina de informar e divulgar, frequentemente associada ao capital, mas que tem um enorme potencial na disseminação de informações sociais e culturais.

De início, abordaremos alguns tópicos para defendê-la das vilanias que a atividade pôde constatar em anos recentes. Afrontas desnecessárias, feitas com uma certa visão rancorosa que o tempo se apressou em desmentir.

Considerações da vidraça[2]

Desde o início de meus estudos entendi que "demonizar" a publicidade era um exagero, uma distorção da realidade, e procurei entender o

---

1 Milton Martins de Lara Junior, "A publicidade e a arte", em Malena Segura Contrera & Osvaldo Takaoki Hattori (orgs.), *Publicidade e Cia.* (São Paulo: Pioneira/Thomson Learning, 2003), pp. 45-62.

2 A vidraça à qual me refiro é, obviamente, a do dito popular, que nos ensina que, numa discussão, é mais fácil ser pedra do que vidraça.

porquê de tais queixas. Um pouco de pesquisa me levou aos primeiros estudos sobre comunicação; mais especificamente, a abordagens acerca de comunicação e cultura de massa.

Entendi que o estudo da comunicação de massa era um campo bastante recente: a publicidade, como a conhecemos hoje, tinha uma história ainda por contar, e algumas das críticas que lhe eram dirigidas talvez fossem equivocadas.

Segundo Luiz Costa Lima, em artigo sobre comunicação e cultura de massa, os primeiros pesquisadores a abordar o tema traçaram paralelos com o campo das artes, campo por eles conhecido. Nesses estudos, ele percebe antes especulações do que análises.

> Retrógrados ou inteligentes, os primeiros estudiosos analisavam os veículos de massa em comparação com a arte que conheciam. Esta era a realidade estética dentro da qual haviam sido educados, que haviam introjetado com a própria substanciação da arte [...] Aprisionavam-se, deste modo, no círculo de fogo de suas prenoções e se impediam de buscar a identidade da comunicação e da cultura de massa.[3]

Assim como, sem nossas noções contemporâneas, é impossível analisarmos o mundo, teria sido impossível aos primeiros críticos analisar a comunicação de massa sem os parâmetros de então.

E qual era o panorama cultural e intelectual do início do século XX?

Com os Estados nacionais solidificados, ultrapassada a fase da Revolução Industrial, as democracias atingindo todos os recantos, o capitalismo já

---

[3] Luiz Costa Lima (org.), *Teoria da cultura de massa* (3ª ed. Rio de Janeiro: Paz e Terra, 1990), p. 14.

maduro, e a sociedade de consumo em plena implantação, a percepção dos analistas ressente-se das alterações profundas que estão em curso em toda parte. E o pensamento inevitavelmente se refugia na nostalgia do ontem, da simplicidade da aldeia, na recusa à aldeia global – que ainda por muitos anos não seria vista.

A consciência da classe burguesa e a percepção de sua importância vão deflagrar um embate franco entre a cultura de massa e a cultura escolarizada ou superior. Com contendores de ambos os lados, surge uma cisão que chega até nossos dias. Em resposta à realidade denunciada em obras do final do século XIX, vai surgir o Impressionismo, essa grande bobeira dos críticos de arte de então, voltando a arte para a arte, e inaugurando a postura que chega até nós.

E a publicidade que surge ficará – obviamente – do mesmo lado da linha imaginária em que se encontra o capital, merecendo estudos que se lhe opõem, análises apaixonadas em que se proclamam seus malefícios, e a postura desconfiada com que se analisa sua trajetória.

É muito mais simples olhar para o passado, analisar textos e ideias com referenciais modernos, observar do ponto de vista de quem pode apreciar o entorno que, então, não era conhecido. Louve-se a ousadia e a coragem de quem estuda o presente, de quem analisa o fato vivo, que ainda ecoa em nossa memória.

Vista daquela época, a sociedade de consumo que se criava era um fantasma assustador. A arte enfraquecia, a vida tinha seus significados alterados, a invasão do mau gosto e do que era banal parecia ser irreversível. As pessoas cultas viam, horrorizadas, seu universo escapando das próprias mãos. E, em volta de si, percebiam um mundo diferente.

A sociedade de consumo não foi uma invenção de um grupo de *experts* que desejaram destruir valores humanos. Foi, antes, uma manifestação legítima de vontade humana, que, no lucro e no excedente de produção, enxergou uma chance de conseguir conforto, saúde e regalias. Vale a lembrança de que isso, até o surgimento da burguesia, estava reservado à nobreza, aos bem-nascidos, aos escolhidos por direito de sucessão. O desejo de progresso, passível de ser materializado e adquirido, não é privilégio de ninguém. Todo ser humano deseja as benesses de uma vida confortável.

Creio que, nessa época não tão distante de nós, podemos situar algumas das generalizações estabelecidas com relação à publicidade: a publicidade mente; a publicidade cria valores indesejáveis; a publicidade deturpa o gosto, banalizando significados; a publicidade serve somente a si mesma.

É bem verdade que a imensa maioria dessas análises é feita na direção da comunicação e cultura de massa, da qual a publicidade seria mero agente; mas, se a cultura de massa foi plenamente absorvida pela sociedade, a herança das críticas ficou com seu agente.

Vou tentar escapar de responder a críticas outras e ao raciocínio que as envolve, uma vez que mesmo só isso seria um trabalho exaustivo – e não me sinto pronto para a empreita –, mas vou me deter nos temas antes apresentados, certo de que são comuns, exercem influência direta em diversos setores da sociedade e podem ser percebidos em todos os relacionamentos que envolvem a atividade.

✱ A PUBLICIDADE MENTE

Entende-se que a atividade é, em sua essência, mentirosa. Ao exagerar vantagens e dourar pílulas, apresentando apenas as vantagens do serviço ou produto, estaria falseando a realidade, assumindo o falso, o engodo, a hipocrisia.

É difícil negar a hipérbole, a visão parcial e as promessas implícitas, fadadas à não realização. Se examinada apenas em seu aspecto de proposição, sou obrigado a concordar com a injuriosa afirmação.

Mas, como a visão de justiça, que acabo de assumir, exige, gostaria de avaliar um pouco a estrutura do discurso humano.

"Todo discurso é ideológico", já nos ensinava Aristóteles bem antes que o modo de produção chegasse à organização feudal. Não existe maneira de proferir um argumento que não seja parcial, eivado dos conceitos de quem fala.

A publicidade, como qualquer atividade, assume seus próprios caminhos, revela seu discurso, fala de suas próprias aspirações. E, inicialmente, ela falou dos conceitos do capital. Não era a fala da arte, não era a fala da rua, não era a fala dos meios intelectuais: era a fala do produto, da compra, da venda. Num momento em que a produção movia a sociedade, era urgente diferenciar produtos, e isso a publicidade fazia com competência.

De maneira insípida e primitiva, levava aos cidadãos a informação de que tal produto existia, estava à venda em tais estabelecimentos e custava tanto. Era apenas e tão somente um instrumento do capital, falando a língua do poderoso.

Os embates ideológicos passavam longe desse discurso cansativo e repetitivo de enunciação de vantagens de marcas iniciantes.

Ainda assim, falava à massa, atingindo uma audiência inovadora e expressiva. Falava mais alto, por assim dizer, que a cultura e o cotidiano.

Se entendermos que a mentira está associada ao fato de existir parcialidade no discurso, devo discordar.

A publicidade serviu ao poder, como hoje serve à resistência ao poder; e, se analisado o contexto, nem por isso mentiu ou mente, uma vez que assume que é parcial, assina suas mensagens, põe a cara para apanhar.

Ao ler um anúncio, pago pelo cliente X, você espera encontrar uma análise desapaixonada e fria, citando vantagens e desvantagens, ou espera encontrar um depoimento parcial e engajado, exaltando virtudes e pontos positivos?

O que dizer do jornalismo de opinião, que trata a realidade segundo seu próprio ponto de vista, sem que isso fique tão evidente? O que dizer da educação, que reproduz axiomas, e leva os axiomas da formação de seus agentes para a formação de novas gerações?!

No entanto, se entendemos que a publicidade exagera, mascara, doura, então, aceito o argumento da mentira, mas lembrando que todos nós o fazemos ao argumentar, todos adotamos nosso ponto de vista, todos carregamos nossas falas de nossa própria ideologia.

Todos mentem, se atentarmos para o fato de que estamos carregados de nossas próprias ideologias.

A publicidade divulga, dá voz, multiplica os meios de distribuição do discurso, seja de quem for.

Se existe algum diferencial na publicidade é o de que ela sempre esteve aberta a outras causas que não exclusivamente a do capital. Hoje anuncia produtos culturais, organizações não governamentais, campanhas comunitárias patrocinadas por governos, ideias diretamente beneficiadas pelo instrumental existente. Usando as mesmas hipérboles, o mesmo raciocínio de sedução e persuasão, dourando a pílula do mesmo modo.

E a publicidade, que é veículo de persuasão, máquina de informação, reproduz o diálogo de quem a usa.

Se alguém mente, nessa história, é quem aciona a publicidade. Se alguém mente, nessa história, é a sociedade.

Quem deturpa a realidade é o ator, não o agente.

✱ A PUBLICIDADE CRIA VALORES INDESEJÁVEIS

Autores apontam a publicidade como criadora da insatisfação, uma atividade que desperta desejos e desequilibra a sociedade. Concordo, em parte.

A publicidade, de fato, divulga produtos e serviços de forma ampla, o que pode, sim, ativar desejos latentes e até então não nomeados. Mas não cria desejos.

Ela desestabiliza a ordem aparente, por ser isso um pressuposto da própria comunicação, como explica a Teoria da informação: "O conteúdo informacional de uma mensagem é a medida da mudança da incerteza do receptor, antes de receber a mensagem, para depois de recebê-la".[4]

Aqui eu dividiria a questão em duas: a criação de valores e desejos; a questão de eles serem desejáveis ou não.

---

[4] Isaac Epstein, *Teoria da informação*, Série Princípios (4ª ed. São Paulo: Ática, 1998), p. 37.

Criar valores. Todo o mecanismo da publicidade vem sendo construído para favorecer a venda[5] de produtos ou serviços, maximizando esforços e minimizando custos, procurando o melhor resultado. Está provado que é mais fácil vender um produto sempre para as mesmas pessoas do que criar novos consumidores. É mais barato. Também é mais barato fabricar os produtos que as pessoas desejam do que criar necessidades. Não vale a pena o esforço de criar desejos.

E depois, para que criar desejos, se a humanidade os tem de forma abundante, e os fabricantes podem adaptar seus negócios para produzir exatamente o que é desejado?!

Criar desejos é diferente de aproveitar desejos já existentes.

Valores indesejáveis. Dizem alguns que, em nossa sociedade, vivemos de supérfluos. Além da comida e de abrigo contra o frio, o ser humano nada mais necessitaria para viver. Quem, além de eu mesmo, pode me dizer o que é supérfluo para mim? Qual a autoridade de qualquer pessoa sobre outra para definir o que lhe é necessário ou o que lhe é desnecessário?!

O que nos diferenciaria dos animais é a cultura, e por cultura entendemos toda a trama de ideias, conceitos, experiências, realizações, desejos e vontades de um ser. Qual é o iluminado que pode apontar caminhos para minha própria pessoa?! Milionários compram produtos de luxo que lhes parecem tão necessários quanto o ar que respiram. Chefes de família abarrotam carrinhos de supermercado com produtos que poderão lhes garantir alguns minutos de sossego enquanto seus filhos se di-

[5] Note-se que favorecer a venda é diferente de vender. Antes que eu cometa o erro e fique um registro equivocado, acostumamo-nos a dizer que a publicidade vende, e usamos isso com relação a ideias e produtos. Na verdade, a publicidade vende um ponto de vista. Quem vende o produto ou serviço é o *marketing*.

vertem consumindo-os. Garotos de famílias pobres economizam meses para comprar tênis de grife, que lhes garantirá a aceitação desejada, o brilho especial, o reconhecimento de seus pares.

Dizem os críticos: Tais ideias não existiriam se não existisse a publicidade.

E eu respondo: Nem o mercado, nem nosso modo de produção, nem a sociedade.

E eles retrucarão: Mas não é cruel que o garoto não possa ter o que deseja?

E eu retruco: Sim, mas a falha é da sociedade, ao não garantir a distribuição de riqueza – e não da publicidade, ao anunciar e avisar a todos que o produto existe.

Por que é que eu, professor universitário, gastando cada centavo em sobrevivência e livros, não posso desejar uma Ferrari?

São meus desejos, não admito interferências, e amadureço quando penso no trabalho necessário para adquirir um luxo desses.

E dirijo minha vida para o que me é importante de fato.

E não crio problemas psicológicos nem parto para a criminalidade.

Provavelmente a maioria da humanidade faz como eu. Alguns partem para alternativas antissociais... A responsabilidade é da publicidade ou das escolhas individuais?

A função da publicidade não é *vender* produtos, e sim *divulgar* produtos. Quando dizemos que a publicidade vende, estamos falando da ponta do *iceberg*, que é o *marketing*. Este sim vende.

Compondo fatores como o preço, a distribuição, o produto e a publicidade (em inglês, os 4 Ps, onde a distribuição é *place*), o *marketing*, que nada tem a ver com as baboseiras que se dizem sobre ele, vende.

E, ao vender, promove indiretamente distribuição de renda, benefícios e conforto.

Novamente percebemos que a publicidade é instrumento, agredida sem motivo, bode expiatório da sociedade, que não legitima os desejos humanos.

Ainda existe outra acusação que merece ser analisada: a de que a publicidade estimula o consumo. Verdade, verdade, verdade. A publicidade é, por excelência, a ferramenta que estimula o consumo. Gera riquezas, cria empregos, ampara a educação, promove o desenvolvimento, traz conforto, e amplia e mantém mercados. Não conhecemos outra maneira de viver que seja tão interessante, justa e correta quanto a sociedade de consumo. Não é a ideal, com certeza, mas é a melhor de que dispomos. E anda de mãos dadas com a liberdade e a democracia.

A publicidade oferece opções, divulga produtos e serviços, programação cultural, organizações e ideias. Divulga o bom e o mau produto. Os bons cativam o consumidor, que continua comprando e garantindo sua existência. Os maus, mesmo anunciados, logo deixam de existir.

✱ A PUBLICIDADE DETURPA O GOSTO, BANALIZANDO SIGNIFICADOS

Novamente encontramos o tal sujeito que determina a que devo e a que não devo assistir. O mesmo cidadão que elenca desejos aceitáveis, o mesmo sujeito que diz o que eu posso e o que eu não posso comprar. O cara que quer direcionar minha vida, organizar meus caminhos, dirigir minha vida.

Por que, diabos, eu não posso gostar de música sertaneja? Ou de *rap*? Ou de canções melosas, ou *rock*, ou MPB?

Por que eu não posso usar roupas de grife? Carros de luxo? Comida sem gordura?!

Numa sociedade múltipla, por que é que eu não posso ter um gosto diferenciado, livre de ingerências e orientação?

Devo seguir o gosto de eleitos, que me dizem o que é bom e o que é ruim?

Se nem mesmo os eleitos chegam a um consenso, por que é que existe uma indicação de uso de cultura superior?!

Em quase toda a história da humanidade, a estética foi ditada pelos poderosos, ou por seus opositores. Hoje, cada um decide o que quer. O nome disso é democratização. Que é outro nome para a banalização. Teóricos dirão que se trata de conceitos diferentes. Um não é sinônimo do outro. Banalização seria a perda de significados, o esvaziamento de sentidos, o empobrecimento da mensagem. Sim, e o que é democratização senão o enfraquecimento da vontade individual, em benefício da vontade da maioria? E o que é um significado banal? Qual o referencial que utilizamos para tal definição? O meu gosto? O seu gosto? O gosto de *experts*?!

Todos continuam servidos quando a indústria cultural se encarrega de produzir. Vejam o caso da música, que nos fornece pagode, samba, *rock*, MPB, *jazz*, e aquele delicioso *world music*, rótulo norte-americano onde cabe de tudo.

Música para todos os gostos. Significados à beça!

Um supermercado de prazeres.

A publicidade fala diretamente ao consumidor, democratiza, e ainda cuida de produzir exceções?! Não.

A sociedade faz isso. À publicidade cabe o papel de divulgar, nada mais.

* A PUBLICIDADE SERVE SOMENTE A SI MESMA

Vejamos: a publicidade, amiga íntima de velhinhos desvairados que pretendem dominar o mundo, cuida exclusivamente de si, avalizando o capital e seus desmandos, prejudicando a sociedade como um todo, e rindo da quantidade de dinheiro e tempo investido em perseguir os sonhos que ela mesma cria?! Certo?

Errado.

Além de não criar sonhos, de não interferir nos desígnios do ser humano, de não ter controle nem donos, nem de se fechar para outros segmentos, ela financia sistemas imprescindíveis à vida humana, como a informação.

Duvida? Vamos lá.

Mais adiante, neste trabalho, descrevo o surgimento das mídias contemporâneas e do sistema da publicidade. Mas vou antecipar um bom argumento: a publicidade, sozinha, financia toda a imprensa livre do mundo.

Sem o investimento feito pelos "velhinhos sacanas do capitalismo", personagens de pesadelos esquerdistas em todos os rincões do planeta, não existiriam meios de comunicação de massa. Sem eles, não teríamos jornais, televisão, revistas, rádio, nem outros sistemas mais recentes, como a internet.

É o dinheiro dos anúncios que viabiliza tudo isso. E, junto com isso, lá estão jornalistas, repórteres, cinegrafistas, *cameramen*, articulistas, fotógrafos e todos os envolvidos na rede de captação e divulgação de notícias.

O jornal só foi viabilizado quando surgiram os anunciantes.

O rádio foi ao ar, sem cobrança de sinal, quando foram liberadas as inserções comerciais. A televisão vive dos comerciais inseridos, do merchandising, dos anunciantes.

Aqui, o benefício é da publicidade, e não da sociedade como um todo, embora, indiretamente, ela esteja apoiando o feito.

Mas eu ainda apontaria três grandes benefícios produzidos pela publicidade, dos quais as pessoas não se dão conta:

* A PUBLICIDADE É UM EFICAZ INTRODUTOR DE MUDANÇAS DE COMPORTAMENTO

Um dos postulados da Teoria da informação aponta para o fato de que nem toda mensagem contém informação. Quando nela existe informação, isso causa mudança de comportamento. A aceleração do processo de mudanças em nossa sociedade é notável. Creio que não preciso demonstrar a assertiva.

Coloquemos lado a lado a sociedade dos anos 1950 (período em que a televisão estava sendo introduzida em nossas casas) e a sociedade de hoje.

Somos mais felizes, amamos mais, fazemos mais sexo, estamos menos sujeitos ao controle de organizações e ideias, temos mais liberdade. Também somos mais violentos, deixamos de dar tanto valor ao sexo, e perdemos o contato com o vizinho. Falha da publicidade? Falha da sociedade.

O papel que cabe à publicidade foi o de introduzir novos comportamentos exigidos pela sociedade, e isso foi cumprido.

Mas não lhe cabe o papel de reorganizar a vida.

A contracultura, o amor livre, a desobediência, a informalidade, o espetáculo: desejos da sociedade, divulgados pela publicidade. Com excelência!

✱ A PUBLICIDADE É UM PODEROSO INTRODUTOR DE MUDANÇAS DE LINGUAGEM

A linguagem acompanha a sociedade a que serve – não é um código fixo nem engessado nem inalterável. Reflete a vida humana e altera-se segundo ela. A narrativa denota a organização da sociedade, e foi se alterando ao longo destes anos de cultura de massa, saindo de uma forma quase totalitária e chegando à formatação mais condizente com nossa maneira de viver. Trouxe surpresas, inovações, avançou no sentido de aproximar o mundo do homem, e tornou o universo uma coisa mais solidária, mais próxima, mais direta.

Se perdemos em sentidos, talvez tenhamos ganhado com a eliminação de ruídos.

Mas, todos lucramos com isso, uma vez que reduzimos desigualdades e aproximamo-nos uns dos outros.

Grandes artistas da palavra e da imagem investiram muito tempo e dinheiro (dos fabricantes de produtos), no sentido de criar mensagens com grande poder de persuasão. Nenhum artista individualmente teria tido tanto tempo e dinheiro para investigar linguagem. Nenhum grupo poderia, sozinho, ter pesquisado as soluções e encontrado os acertos.

Hoje temos nosso mundo desenhado por diretores de arte, por *designers*, por artistas do cinema e da televisão. Muito mais que artistas e arquitetos. Porque o mecanismo de financiamento permitiu a pesquisa, e a linguagem mudou.

Quando muda a linguagem, o mundo muda.

✱ A PUBLICIDADE É TEIMOSAMENTE ALIADA DA DEMOCRACIA

Servir a todos, indistintamente, sem diferença social, de crença ou de raça. Levar a todos, sem distinções, mensagens de caráter comercial, institucional, ou educacional, utilizando para isso hábitos e discursos de fácil compreensão, reconhecendo o ser humano em suas diretrizes e desejos.

Banalizar os enigmas, desvendar os mistérios, tratar a tudo e a todos com cortesia, sedução e inteligência. Não menosprezar o ser humano, procurando, por meio de pesquisas e outras fontes, conhecer suas mais íntimas vontades.

Através do *marketing*, da qual é ferramenta, dirigir a produção para a satisfação de necessidades. E divulgar isso.

Levar comportamentos a todos os recantos que possam ter interesse na mensagem, a todos os consumidores que possam investir, a todo ser que viva... e deseje mudanças.

Não dirigir interesses.

Reconhecer necessidades.

Igualar todos os seres, respeitando grupos de interesses.

Parece programa de partido político, não?!

Não é. É o ideário da publicidade, que, se não tem ideologia, carrega em si um conjunto de ideias programáticas.

Um caminho estranho para chegar à democratização, quase uma ironia em meio a lutas sociais e guerras por filosofias, mas, serenamente, um caminho seguro.

Finalizando

Em resumo, creio que a publicidade é uma ferramenta impressionante, uma poderosa máquina de informar e divulgar, que encontrou meios de persuasão eficazes e duradouros, absorvendo manifestações artísticas e culturais, e promovendo mudanças em nossa vida e em nosso cotidiano.

Não a imagino isenta de responsabilidades, de maneira alguma, nem tão ingênua quanto possa parecer ao ler-se o capítulo até aqui.

Mas não creio que se deva imputar a ela os malefícios e mazelas que ora lhe atribuem.

É só um instrumento: sem ideologia, sem programa, sem ideias preestabelecidas da sociedade, apenas com características próprias.

Um instrumento de divulgar mensagens.

Se existe alguma ideia que lhe sirva de força motriz, é pesquisando linguagem, discutindo argumentos, reciclando discursos e apresentando-os de maneira eficientemente limpa, apetitosa, palatável. Aí residem as ideias.

Creio mesmo que, em seus primórdios, usou de artifícios falsos, de argumentação inadequada, de "espertezas" que lhe valeram a fama de mentirosa. Mas, volto a dizer, foi um momento em que a própria sociedade se valia desses argumentos, um momento em que ainda não havia a percepção do poder da ferramenta, um momento de erros adolescentes.

Recentemente (ou seja, nos últimos cinquenta anos), ela vem se pautando pela ética, pela correção na informação, pela responsabilidade que assume em nome de seus clientes.

Nem a maquiavélica máquina de criar loucos consumistas, nem a cândida ferramenta de purificar almas humanas.

Uma ferramenta, sim, de democratização.

Uma máquina de divulgação.

Outras considerações

Para escrever este trabalho, procurei situar o leitor em nosso mundo, apontando o desenvolvimento de nossa sociedade – principalmente ao longo do século XX.

Foi nesse século que o centro cultural mudou da França para os Estados Unidos, ou mesmo explodiu em diversos centros, trazendo uma enorme série de consequências. A descrição desse ambiente é importante para que o leitor possa perceber a situação como um todo.

Depois, procuro traçar um rápido panorama sobre a pop art, seu papel de avalizar a mudança e suas consequências no desenho dos objetos de nosso mundo.

Então, procuro estabelecer uma relação de causa e efeito, esboçando um estudo das mídias e tecnologias que permitiram a difusão da publicidade.

Finalmente, como qualquer curioso, procuro olhar um pouco para o futuro, tentando divisar um fato ou uma especulação que valha a pena ser destacada.

Acho que, de certa forma, a publicidade é uma chave, uma senha, uma *password* para entendermos a cultura contemporânea.

Estudando-a, estamos estudando uma forma de expressão viva e mutante, que impulsiona a sociedade e é por ela impulsionada.

Por isso o nome original do trabalho era *Password: propaganda*, posteriormente rebatizado para *Password: publicidade*.

No trabalho original, adotei o termo propaganda com sentido oposto ao que escolhi para esta publicação. Propaganda tem sua origem no Colégio de Propaganda criado pelo papa Urbano VIII em 1627. O papa Gregório XV já criara, em 1622, um centro de apoio, uma congregação cardinalícia denominada *Congregatio de Propaganda Fide* [Congregação para a propagação da fé], para premiar os esforços de difusão do cristianismo nas novas terras descobertas.

Já o termo publicidade deriva do latim *publicus*, que denota a qualidade do que se tornou público. O francês e o inglês diferem em sua utilização. Ao chegar até nós, "publicidade", trouxe uma tradução equivocada, mas hoje consagrada, em geral significando quase o mesmo que "propaganda".

O fato é que existe uma enorme indefinição entre a utilização de um ou de outro termo para designar a atividade destinada a veicular mensagens de cunho comercial, em especial, no Brasil. Segundo Pancrazio, o termo propaganda designa "toda mensagem paga sobre produtos, serviços ou empresas que apresentam um patrocínio claro e ostensivo e sobre o qual o patrocinador exerce controle sobre forma e conteúdo".[6]

E publicidade seria: "toda mensagem sobre produtos, serviços ou empresas divulgada gratuitamente pelos veículos (mídia), e sobre a qual o beneficiado não exerce controle".[7]

A origem da imprecisão dos termos talvez esteja na escolha de quem seguiremos, uma vez que a *praxis* de mercado indicaria a tradução norte-americana, enquanto a *praxis* acadêmica indicaria a tradução francesa. Ocorre que as traduções são equivocadas, utilizando termos inadequados. E, além disso, são opostas.

Segundo o MEC, as faculdades são de publicidade e propaganda; e, assim, evita-se o incômodo de definir a atividade.

O termo "propagandista" passou, entre nós, a designar o profissional ligado à área farmacêutica de divulgação de medicamentos.

E ainda, no Brasil, segundo a própria lei, o profissional que faz propaganda é conhecido como publicitário.

Em 2003, participei de *Publicidade & Cia.*, um livro com artigos de diversos autores. Foi minha primeira publicação.

Por coerência com o meio acadêmico, no qual também insiro esta obra, decidi-me pela utilização do termo publicidade como sendo o que representa a divulgação de mensagens de cunho comercial, com controle sobre a veiculação.

Vamos a isso.

---

6 Paulino da San Pancrazio, *Promoção de vendas* (São Paulo: Futura, 2000), p. 165.

7 *Ibid.*, p. 167.

A explosão do centro[1]

A mudança para o eixo hegemônico cultural agora dominante no Brasil ainda não tem data certa de aniversário, mas deveria, uma vez que tal data marcaria a entrada do país no cenário da comunicação global, que se inicia em meados do século XX, estendendo-se por toda a sua segunda metade sem dar mostras de cansaço ou arrefecimento.

1 Este capítulo substitui definições conceituais e traça um esboço da mudança do eixo hegemônico cultural oriundo da França para o norte-americano. Mas está marcado pela época em que foi escrito. Hoje entendo que a substituição do modo de ver que se dá no século XX é muito mais rica, maleável e fluida do que a descrita aqui, já que o novo incorpora o velho, não o substitui. Aliás, mesmo "novo" e "velho" são termos relativos. Se o capítulo continua aqui é por respeito ao trabalho original, feito para fins acadêmicos, certo de que reescrevê-lo significaria jamais acabar a obra, num processo sem fim. Essa visão, embora retome o pensamento de grandes cientistas, hoje perde importância em nossa visão mais barroca de mundo, dentro da égide da realidade brasileira. É lógico que a linguagem utilizada é a da crônica ligeira – e não a da argumentação –, já que, imitando os antigos cronistas, percorro o ambiente cultural do século XX, visto aqui de nossa terra. E, em suas referências, busca ter humor e leveza, traçando o cenário no qual a publicidade se desenvolveu, interagindo com o mundo.

Há alguns anos, usávamos calças *far-west* (pronunciando, então, "far-vest"), mascávamos a *chewing-gum* Chiclets,[2] açucarada e industrializada pela Adams, antes de se tornar chicletes, e brincávamos de mocinho e bandido, com gritos estridentes e tiros de espoleta.

Vamos aos *shoppings*, compramos *pizzas delivery*, tomamos *energizer* e assistimos à MTV.

No entanto, num passado nem tão distante, as mulheres usavam *lingeries*, garotas eram *cocotes*, locais de encontros eram *garçonnières*, e casas para cavalheiros eram *rendez-vous*.

Isso é a ponta do *iceberg* da invasão cultural, quase hegemônica, proveniente de um país que, graças ao seu poderio econômico, à sua cultura e tecnologia, tornou-se o centro da atenção do mundo.

Alterada a face do mundo, também as faces da arte e da comunicação foram modificadas, com a introdução de novas mídias, novos critérios de avaliação e novos padrões comportamentais, com resultados – no mínimo – surpreendentes.

Formação cultural

O Brasil teve uma colonização predatória, baseada na rapina e no enriquecimento rápido, que se desenvolveu com extrema falta de visão quanto ao que nos toca, onde pouquíssimos investimentos eram tidos como necessários, numa mescla de abandono e falta de amor-próprio, que levaram a uma independência "para inglês ver" e à formação de

[2] O nome vem da língua náuatle, *chicle*, uma goma natural proveniente do látex ou seiva da árvore *Sapota zapotilla*, o nosso conhecido sapoti. Mascar goma era hábito de índio...

um caráter nacional arredio, provocador e aparentemente irresponsável. Não se pode dizer que seja um panorama positivo, embora decorra daí grande parte do espírito criativo e inovador, a tendência ao riso e ao deboche, e a relativa independência em relação a padrões internacionais, que nos garante uma insubmergível altivez caboclona.

Nem por isso ficamos imunes ao charme proveniente de algumas culturas, com as quais, de tempos em tempos, flertamos.

É difícil afirmar que, em algum momento, tenhamos flertado com Portugal, embora possamos sentir saudades de algo que, na verdade, nunca possuímos. Mas, afinal, temos raízes lá e isso transparece em nossa cultura popular.

Em última instância, somos resultado de uma colonização, já que as ricas reservas naturais representadas por nossos autóctones foram abafadas em nosso caldeirão de identidade nacional.

Mas os portugueses, como pai e mãe possessivos e ciumentos, cuidaram para que não recebêssemos "más influências", e sempre estavam prontos a nos repreender por nossa falta de apego aos abusos aqui perpetrados desde sempre.

Se em algum momento anterior ao início do século tivemos qualquer tipo de namoro internacional, ficou sepultado pelo tempo, junto com as recordações dos holandeses e franceses das invasões, com as pequenas incursões de toda sorte de estrangeiros, que sempre nos viram – esses sim – como um paraíso terrestre, com rios de mel e árvores de delícias.

Entre 1645 e 1650, no Peru, Antonio de Léon Pinelo[3] teria identificado, sem hesitações, respaldado em dezessete opiniões infundadas, o sítio em

[3] *Apud* Sérgio Buarque de Holanda, *Visão do Paraíso* (4ª ed. São Paulo: Brasiliense, 1985).

que, antes da Queda, moravam os nossos primeiros pais (bíblicos). Ficava ele, fora de qualquer dúvida, bem no centro da América do Sul, que tem formato de coração, dentro de um círculo com diâmetro de 160 léguas e 460 léguas de circunferência. Identifica, ainda, os quatro rios – o Prata, o Amazonas, o Madalena e o Orenoco – com os do Paraíso, que são respectivamente o Físon, o Gion, o Tigre e o Eufrates. A causa da Queda de Adão e Eva não seria a maçã, mas sim o maracujá.

> A árvore da ciência do Bem e do Mal, por exemplo, não daria a maçã, nem o figo e nem, como o quiseram alguns modernos, a banana, e, sim, o maracujá, a *granadilla* dos castelhanos. O qual, na aparência, na cor, no sabor e em outras qualidades, é muito conforme o que dizem os expositores do pomo que foi instrumento de nossa perdição e feitiço dos olhos de Eva.[4]

O fato é ser versão corrente, na Europa dos descobrimentos, que as portas do Paraíso poderiam estar em algum lugar das Américas, mais especificamente nas regiões que hoje pertencem ao Brasil.

Quem tem vivido no Brasil – dependendo de sua mentalidade – sabe que não é bem assim; mas, fato ou não, no espírito indômito do inconquistável brasileiro ficou o orgulho, a indisfarçável posse da chave do bem-viver, o conhecimento dos frutos do Paraíso, e a quase certeza de que Deus é brasileiro!

Isso não impediu nossa burguesia ascendente do final do século XIX de flertar com a Europa, sua sabedoria e sua superioridade. E foi assim que se instituiu, desde os dias dos reinóis, o hábito de enviar nossos jovens

4 *Ibid.*, p. 141.

de famílias abastadas para estudos na Europa civilizada, para contrapor juízo e cultura à barbárie e aos instintos.

Na ocasião, vale lembrar, a França ocupava posto único no imaginário internacional, visto que era uma potência econômica de influência mundial, falava a língua internacional oficial, como já o fora o português (em priscas eras, pelo menos no idioma dos navegantes), e gozava de verdadeiro prestígio perante a comunidade das nações respeitadas em todo o mundo.

Convém lembrar que a língua francesa tem semelhanças, muito apreciadas pelos brasileiros, com a portuguesa, uma vez que ambas derivam do latim. Em uma época da Antiguidade, quando Roma mandava no mundo conhecido, o latim estava em todos os recantos. Hoje, estuda-se inglês, já que é o idioma de negócios, de estudos e de diplomacia. Ontem, era o francês.

Não que o inglês da Grã-Bretanha não fosse de valia e importância, uma vez que ali residia o poder político e temporal de uma potência. Mas, em nossas latinas veias, sempre soaram frios e distantes os sentimentos anglo-saxões.

A Europa era o centro do mundo, local de onde vinham modas, notícias, orientações e inspirações; e a França era nosso ideal de acabamento, de verniz, de refinamento social e cultural.

Nossos primeiros flertes foram, portanto, com a polidez aristocrática e a rispidez autoconfiante da França.

Imaginemos a capital federal da então recentíssima República brasileira, o Rio de Janeiro do início do século: epidemias, falta de higiene, calor e problemas sanitários. Em Paris, ao contrário, uma cidade sedimentada ao longo de séculos, com uma aristocrática burguesia, tecnologia de ponta traduzindo espírito de rebeldia, e modismos sem fim.

O Brasil precisava de um modelo para implantar seus ideais libertários, enquanto sonhava com um futuro incerto, que precisaria ser construído com esforço e entusiasmo. Não devia ser difícil amar a França!

Fim de século

Paris significava a capital da novidade, da beleza, da ciência, do saber, das artes. A cidade-luz acolhia de braços abertos tudo que fosse moderno, extravagante e progressista. É a *belle époque*, o *art noveau*, é o início do século XX!

No Rio de Janeiro – à moda dos *boulevards* franceses, com seu comércio – surge a imponente avenida Central, que, nos hábitos elegantes, desbancou a rua do Ouvidor. Na avenida,

> o próprio passo pode ter a cadência que a *toilette* demanda, porque, não sei se já tens observado, a mulher que traja a elegância custosa de um vestido de seda não tem no passo a mesma cadência da que exibe a elegância apetitosa de um *tailleur* de brim branco.[5]

Atribui-se a Daguerre o surgimento da fotografia, em 1839, em Paris, homenageada a invenção com o nome de seu criador: a daguerreotipia. Os irmãos Lumière patenteiam, em 1895, a invenção do cinema, cuja

5 Em *Kosmos*, 1907, *apud Nosso Século: memória fotográfica do Brasil no século XX*, v. 1: 1900/1910 (São Paulo: Abril Cultural, 1980), p. 47.

primeira sala no Brasil – o Cinematógrafo Edison, na rua do Ouvidor – foi inaugurada em 1897.

Na virada do século, surge no Brasil uma nova profissão: a de *chauffeur*.

Em 1906, Santos Dumont realiza o primeiro voo de um avião, em Paris, nos campos de *Bagatelle*.

Em 1908, Miguel Traad, imigrante árabe, morador da rua 25 de Março em São Paulo, preso pelo crime da mala, escreve um diário na cadeia: em francês!

Outro texto da época diz:

> Homem que se preze frequenta o Café de Paris, o mais *chic* da capital federal, onde a *jeunesse dorée* da terra dá *rendez-vous*. São as atrizes que chegam, em *coupés*, as grandes *cocottes*, que moram pela Richard ou Valery; são diretores de jornais, senadores e deputados, *brasseurs d'affaires*, que vão trincar um *poulet Marengo*, olhando Marie Granger comer *huîtres au Tokay*. Tudo isso é *chic*, é elegante, é bom-tom.[6]

As moças da boa sociedade, ou mesmo as que animavam salões literários mais livres, tinham de se policiar para que suas maneiras e conversação, pontilhada de expressões em francês, obedecessem a rígidos rituais. A terrível condição da mulher na época encontra em Júlia Lopes de Almeida uma combatente sagaz, nos moldes do surto de literatura feminina surgida no final do século XIX na França.

O idioma francês definia padrões, estabelecia níveis sociais, traduzia as expressões, fossem de alegria, dor, espanto ou descontentamento.

---

[6] *Apud* Paulo Sérgio Pinheiro & Sérgio Buarque de Hollanda (orgs.), *Nosso século, 1900-1910: a era dos bacharéis* (São Paulo: Abril Cultural, 1980), p. 102.

Mas, no Brasil, como poderíamos deixar de acompanhar o movimento do mundo, se até mesmo a Rússia czarista, poderosa e influente, usava o francês como idioma elegante para os membros da aristocracia, deixando o russo, sua língua-mãe, para os criados?!

Aqui, como no mundo, lia-se Anatole France, Zola, Julio Verne, Maupassant, Flaubert, Renan, no original. Paralelamente, Machado de Assis, Lima Barreto, Olavo Bilac, Euclides da Cunha e tantos outros gravitavam contra a corrente, ou a favor dela.

Enquanto o *fauvismo*, o *cubismo* e o *futurismo* eclodiam na Europa, a pintura acadêmica batia forte e pesado no Brasil do café e da indústria nascente: Almeida Júnior, Eliseo Visconti, Belmiro de Almeida, e Rodolfo e Henrique Bernardelli fazem transplantes tardios dos estilos consagrados pelas Exposições Internacionais de Paris.

É bem verdade que Chiquinha Gonzaga e Ernesto Nazareth mantêm impávida independência, criando o tango brasileiro e inspirando a primeira dança urbana brasileira, o *maxixe*, por volta de 1870. Mas era da França que vinha o modelão, desrespeitado aqui e ali.

Tal situação vive sua glória até os anos 1920, quando a situação econômica e cultural recomeça a ser alterada.

Ascensão norte-americana

Os Estados Unidos da América do Norte, desde 1823, vinham pondo em prática a Doutrina Monroe, com um expansionismo acelerado, buscando influenciar toda a região circunvizinha. Apesar do adiamento que a Guerra da Secessão (1861-1865) lhes impôs, os Estados Unidos vão, a partir de 1867, com o consentimento dos britânicos, declarar-se "soberanos" de todo o continente!

Ao norte, as pretensões norte-americanas vão encontrar obstáculos dos canadenses, bem como Rússia e Japão vão impor, no Pacífico, algumas dificuldades; mas encontram, no México e no Caribe, terreno fértil para sua ocupação.

De forma acelerada, os Estados Unidos vão galgando degraus no cenário internacional, conquistando territórios importantes e poder político entre as nações.

Assim, em 1898, quando entram em guerra com a Espanha, acabam por consolidar sua posição de potência, fato que – aliado à vitória, em 1917, sobre outra potência emergente, a Alemanha – representa o passo definitivo para as alterações culturais que queremos enfocar.

The New York Times.

AUSTRIA FORMALLY DECLARES WAR ON SERVIA; RUSSIA THREATENS, ALREADY MOVING TROOPS; PEACE OF EUROPE NOW IN KAISER'S HANDS

Em 1914, com o início da então Grande Guerra, assistimos ao fim da era europeia e início da era global. O conflito entre potências europeias, ao unir o globo numa guerra mundial, desencadeou forças que significaram o início desse eclipse europeu no cenário internacional, com o surgimento de uma nova liderança, constituída pelos Estados Unidos.

É o tempo das convulsões na Europa; e a nova potência vai perceber, e utilizar cada vez mais, os espaços de manobra que surgem na economia e na diplomacia internacionais.

Eram seis as potências europeias do início do século XX: França, Itália, Império Britânico, Império Russo, Império Alemão e o Império Austro-húngaro.

O ano que marca o fim do conflito, com a derrota dos impérios Alemão e Austro-húngaro, marca também a revolução bolchevique na Rússia e a divisão do mundo em dois blocos antagônicos, de ideologias opostas, gerando a bipolaridade – longa, mas temporária, é bom lembrar – que só viria a ser superada com a queda do muro de Berlim e o esfacelamento da União das Repúblicas Socialistas Soviéticas, em 1990.

Os custos materiais e humanos, principalmente no cenário do evento, foram enormes, assim como as consequências políticas e sociais. Economias e países destruídos somaram-se aos prejuízos causados pelo conflito, transformando potências em medíocres reflexos de seus dias de glória. A recuperação europeia só viria a ter início quando da formação da Comunidade Econômica Europeia, em 1957.

Durante os anos desse intervalo, os Estados Unidos floresceram como nunca.

Os primeiros vinte anos do século XX

A formação da economia mundial é creditada, em grande parte, aos avanços no sistema de comunicações (aqui vistas como "transportes"), com a instalação de ferrovias, abertura de canais de navegação e o desenvolvimento das rotas marítimas em todo o mundo.

Isso gerou movimentos globais, especialmente de capitais, alterando o equilíbrio existente e favorecendo o novo. Mas, paralelamente, os meios de comunicação (aqui vistos como transmissores de mensagens por sistemas indiretos) privilegiariam o pensamento globalista, atingindo maiores públicos e tornando mais simples a tarefa de divulgar. Desde a criação do telégrafo, passando pelas transmissões por meios eletrônicos, até o advento do rádio, tudo conspirou para criar nossa globalização atual.

Os primórdios do rádio vão encontrar um mundo ávido por mudanças; a publicidade ganha impulso, ou um sopro de vida, e principia a congregar capital e entretenimento, financiando programas em troca de espaço para colocar mensagens comerciais que ajudem na venda de produtos ou serviços.

Os anúncios classificados vão incorporar ilustrações, cores e versos, ampliando suas possibilidades de seduzir, agregando valores antes próprios das artes.

As artes tradicionais, por sua vez, viam-se diante de um impasse gerado pelo desenvolvimento de tecnologias de imagem – que resolviam questões históricas da representação (reprodutibilidade da imagem), por meio da fotografia e do cinema – e de som, que atingiam enormes audiências a grandes distâncias. Surgem as experiências com colagens e as primeiras telas cubistas.

Sufragistas exigem direitos para as mulheres, enquanto veem Marie Curie e seu marido Pierre serem agraciados com o prêmio Nobel. Marconi, Santos Dumont, os irmãos Lumière, Pavlov, Edison, Robert Koch são os nomes que invadem os corações e as mentes de toda a humanidade. É o tempo das renovações.

Anos 1930

Desde os idos de 1922 (primeira transmissão), emissoras regulares de rádio instalaram-se de forma amadorística no Brasil. Vão transmitir música clássica, óperas e programas "instrutivos", num movimento típico dessa década, quando diversas nações conheceram esse fantástico meio de comunicação a distância.

A partir da década de 1930, uma verdadeira revolução!

No Brasil, um decreto, de 1932, autoriza a veiculação de publicidade pelo rádio, com o início da *americanização* de nosso vocabulário e a importação da tecnologia e métodos norte-americanos.

De imediato, surgem os programas de variedades, os *speakers*, os *fans*, o *folk-lore*, *broadcastings*, *foxes*, *blues*, *slogans* e outros termos imediatamente aceitos no vocabulário corrente.

No dizer do sociólogo Orlando Miranda, "o impacto do rádio na sociedade brasileira a partir de meados da década de 30 foi muito mais profundo do que aquele que a televisão viria a produzir trinta anos depois".[7]

O rádio comercial e a popularização do veículo implicaram a criação de um elo entre o indivíduo e a coletividade, mostrando-se capaz não apenas de vender produtos ou ditar crenças e valores. Nunca havíamos tido astros de penetração nacional em tal número, com tal destaque, em tempo real. Até então, as dificuldades de transporte geravam dúzias de Brasis, com coronéis e cangaceiros, centros urbanos com iluminação elétrica, fazendas de café e pequenas indústrias convivendo lado a lado, em realidades que não se tocavam. O rádio vem encerrar a era das distâncias.

São dessa época as primeiras redes nacionais de comunicação, como os Diários Associados, de Assis Chateaubriand, e as redes regionais, como a do *Jornal do Brasil*, a do *Globo*, ou a rede Nacional do Rio de Janeiro. Esse universo das redes de comunicação – e o poder concentrado numa só mão – será descrito de forma avassaladora em *Cidadão Kane*,[8] um dos melhores filmes de todos os tempos. (VER FIGURA 1, p. 145.)

---

[7] Orlando Miranda, *apud* Sérgio Pinheiro & Sérgio Buarque de Hollanda (orgs.), *Nosso século, 1930-1945*, cit., p. 72.

[8] Orson Welles (dir.), *Cidadão Kane* (Los Angeles: RKO Radio, 1941).

O rádio cria a primeira constelação de astros e estrelas do Brasil, integrando com rara eficiência o norte ao sul do país, e revelando os cantores Silvio Caldas, Orlando Silva, Francisco Alves, Herivelto Martins, Dalva de Oliveira, Carmen Miranda, Aracy de Almeida, Noel Rosa, o músico Almirante, além dos locutores César Ladeira, Paulo Roberto, Ademar Casé e Renato Murce. A Rádio Nacional, do Rio de Janeiro, viria a ser a mais fantástica de todas as rádios, com um *cast* de primeiríssima grandeza.

Os anos 1930 no Brasil conhecerão, também, o embrião da atividade publicitária nos moldes dos dias de hoje. Passam-se pouco mais de vinte anos, de José Lyra, o homem-reclame (agenciador de anúncios, citado em crônicas de 1910), às primeiras agências internacionais. Nesse período surgem as primeiras agências e estabelecem-se as grandes filiais das agências norte-americanas. E é o investimento comercial que financia uma época de ouro na cultura de massa brasileira, criando mercado consumidor e trazendo entretenimento, informação, arte e cultura aos vilarejos de ontem, que se transmutam no país que desperta.

Os esforços norte-americanos de sedução vêm substituir o *big stick* (a "diplomacia" do porrete), inaugurando a política de boa vizinhança. Franklin Roosevelt elege-se em 1933, em meio a reivindicações de países latino-americanos (em foros internacionais) aos direitos de autodeterminação dos povos e ao princípio de não intervenção. Relaxam-se, portanto, os aspectos intervencionistas obsoletos da política externa norte-americana, conservando os elementos considerados vitais. Mas amenizam-se as relações entre países.

Toda a década de 1930 vai marcar a movimentação final, no tabuleiro da geopolítica, das peças que desencadearão a Segunda Guerra Mundial. Estrategicamente o Norte e o Nordeste brasileiro terão importância destacada, já que representam o acesso ao Atlântico Sul e ao sul do continente como um todo. As riquezas naturais, cujo fornecimento estava comprometido, eram outro aspecto primordial no relacionamento entre os Estados Unidos e o Brasil, bem como a produção agrícola.

Além disso, a determinação norte-americana em definir a posição brasileira em favor das forças aliadas (contrárias ao Eixo) fará com que o governo de Getúlio Vargas negocie bons termos para nossa "participação".

Diante das novas diretrizes governamentais, ampliam-se esforços que vão "adoçar" os brasileiros. Torna-se comum a presença, em solo brasileiro, de estrelas de cinema norte-americanas, ou de celebridades do disco, ou da cultura em geral.

Anos 1940

Os Estados Unidos, fortalecidos pela vitória no conflito contra a Espanha, em 1898, e trazidos à luz dos holofotes internacionais após a Primeira Guerra Mundial, estampam o signo da "modernidade" em suas ações, enquanto a França, passada a *belle époque*, contabiliza prejuízos, juntamente com toda a Europa. O advento do rádio tem um caráter de renovação, que favorece os americanos; enquanto o cinema, principalmente o norte-americano, começa a plantar as raízes da *máquina de influenciar* que vai mostrar sua força após a Segunda Guerra Mundial.

O clímax da aproximação dos anos 1930 acontecerá com a instalação, no início da década de 1940, em terras brasileiras, do Birô Interamericano (Office for Coordination of Commercial and Cultural Relations between the American Republics), chefiado por Nelson Rockefeller. (VER FIGURA 2, p. 145.)

Num lance ousado de estratégia e política, o governo norte-americano planejou e instalou um escritório destinado, oficialmente, a promover "a cooperação interamericana e a solidariedade hemisférica". Oficiosamente, destinava-se a manter, e se possível ampliar, a posição de Tio Sam em território brasileiro e, consequentemente, no hemisfério sul do continente.

O Birô agiu de 1940 a 1946, embora alguns programas tenham continuado até 1949. Sob a batuta de Rockefeller, coordenou agências estatais e privadas norte-americanas na compra de excedentes de produção e materiais estratégicos latino-americanos; desenvolveu iniciativas de caráter econômico; atacou problemas ligados a saúde pública e nutrição, e concentrou seus melhores esforços no campo da informação, desenvolvendo rápida e imediatamente uma complexa operação de influência dirigida aos meios de comunicação de massa do sul do continente.

Sob a bandeira do panamericanismo e da solidariedade hemisférica, já que a filosofia da "democracia" só vingaria após sua ação catequizadora, o Birô chegou a empregar 1.100 pessoas nos Estados Unidos e 200 no Brasil para apoiar suas atividades.

Vale lembrar que o Brasil saía da era tenentista, com fortes tendências "organizadoras". A "queda" para o nacional-socialismo alemão e para o fascismo italiano era evidente. Além disso, tínhamos nossos integralistas, nossos círculos de disciplinadores e nosso ditador. Tínhamos nosso DIP e nosso Filinto Müller!

O Birô tinha excelente acesso aos roteiros saídos das indústrias de cinema, sempre conseguindo incluir uma visita ao hemisfério sul, ou um personagem recém-chegado do Brasil ou da Argentina.

Nos primórdios do cinema, Hollywood ainda tem a gentileza de elogiar seus parceiros, buscando seduzir e conquistar pela elegância. São dessa época os esforços dirigidos de Walt Disney para a criação de Zé Carioca; a imediata e efusiva acolhida à *persona* de Carmen Miranda, e seus exageros "tropicais"; e a ambientação de uma dezena de filmes no misterioso, longínquo e paradisíaco Rio de Janeiro. "Para os idealizadores e executores da Política de Boa Vizinhança, não importava a autenticidade da cultura das outras Américas, difundida pelas duas maiores redes e pelos dois estúdios de Hollywood. O importante era que isso contribuía para o alinhamento do Brasil com o esforço de guerra norte-americano."[9]

Dessa época, também, data – provavelmente – a instalação, no imaginário do cidadão norte-americano, de Buenos Aires como a capital do "Brazil".

Anunciantes norte-americanos eram incentivados a veicular em publicações brasileiras, além de promover documentários, que via de regra nos "ensinavam" higiene, saúde e tecnologia, numa via quase que de mão única, já que levava aos americanos apenas nossos aspectos "exóticos e primitivos". Mesmo nos dias de hoje, assaltos e matanças nas grandes cidades brasileiras, desmatamento e poluição de recursos naturais representam os grandes destaques brasileiros na imprensa internacional. Além de manchetes de cunho sexual, que reforçam a visão de um paraíso tropical e de um povo primitivo e inculto.

Os anunciantes mais propensos a investir eram a Standard Oil, a Coca-Cola e a RCA Victor. A revista *Seleções* (Reader's Digest) estava entrando a todo vapor no continente. Segundo Hélio Silva,[10] a Standard

---

9 Antonio Pedro Tota, *O imperialismo sedutor* (São Paulo: Companhia das Letras, 2000), p. 119.

10 Hélio Silva, *1954: um tiro no coração* (Rio de Janeiro: Civilização Brasileira, 1968).

Oil atuou com o nome de Escritório Monsen, no Rio de Janeiro, dando apoio casuístico e jurídico ao grupo parlamentar da UDN – Afonso Arinos, Prado Kelly e Aliomar Baleeiro (apelidado de "banda de música") – que esteve à testa da campanha movida contra Getúlio, juntamente com Carlos Lacerda, e que culminou com seu suicídio. Samuel Wainer relata uma declaração de Getúlio atribuindo sua queda, em 1945, a Spruill Braden (embaixador norte-americano na Argentina, que teria derrubado também Perón).

A presença de artistas e personalidades americanas era de tal sorte e em tal número que levou o ministro Osvaldo Aranha à tirada bem-humorada: "Mais uma missão de boa vontade e declaramos guerra aos Estados Unidos".

Mas é inegável a contribuição dada pelos americanos, embora meio forçada, na siderurgia e em termos de armamento moderno e de tecnologia em diversos campos do conhecimento. Gérson Moura, em *Tio Sam chega ao Brasil*,[11] relata que a "esperteza cabocla" de Getúlio teria sido decisiva no episódio da aprovação do financiamento, pelo Eximbank, para a instalação da indústria pesada brasileira, proferindo um famoso discurso em que reafirmava a intenção de promover a industrialização, reequipar as Forças Armadas e de mirar-se na organização dos *povos fortes* (leia-se Alemanha). Na política de aproximação que Tio Sam desenvolvia, pior que incentivar a estrutura de um país amigo e municiar a concorrência era perder a posição de grande irmão; logo, aprovou-se o financiamento.

Os anos 1940 vão assinalar o auge da era do rádio no Brasil, com todo um universo absolutamente voltado ao entretenimento. As irmãs Linda e Dircinha Batista, Emilinha Borba, Marlene, além de Orlando Silva,

---

[11] Gérson Moura, *Tio Sam chega ao Brasil* (São Paulo: Brasiliense, 1995).

Dick Farney, Dorival Caymi e Ivon Cury, são representantes de uma era que vai marcar toda uma geração, ecoando até os nossos dias. A música brasileira, especialmente o samba, vai consagrar-se nas vozes empostadas e sonoras de então.

Os anos 1940 vão marcar, também, as radionovelas e seu patrocínio pelos anunciantes de então: a novela das oito e meia (Colgate-Palmolive); *Tancredo & Trancado* (Sydnei Ross); "um milhão de melodias" queria dizer Coca-Cola, enquanto "Melhoral, Melhoral, é melhor e não faz mal...".

As radionovelas são apresentadas desde 1943, quando *Em Busca da Felicidade*, da Rádio Nacional, faz um tremendo sucesso. Seguem-se, então, *O Romance de Glória Marivel*, *Predestinadas*, *Maldição*, *Renúncia* e a histórica *O Direito de Nascer*, que, na década de 1960, seria refeita para televisão.

Getúlio foi deposto e Dutra eleito. O Brasil se aproxima dos ideais democráticos propugnados pelos Estados Unidos, consumindo Frank Sinatra, Nat "King" Cole, as orquestras de Harry James, Less Elgar, Ray Anthony, Less Brown e Ray Connif, juntamente com precursores do *rock*, como Peggy Lee, Frankie Laine, Johnny Ray e Roy Hamilton.

Os anos 1940 marcam a criação da Atlântida, produtora carioca que, para concorrer com a Cinédia, popularizou o gênero "chanchada" na cinematografia brasileira. Em 1949 surge a Vera Cruz, uma resposta paulista "séria" à proposta carioca. Na década de 1950 teremos ainda os breves e desastrosos capítulos da Maristela e da Multifilmes, secundadas pela Kino filmes.

A Segunda Guerra Mundial coroa a posição dos Estados Unidos como potência, ao participar de um conflito em outro cenário, preservando suas próprias cidades e seu povo, ao mesmo tempo que a Europa é literalmente destruída. A outra potência que surge desse conflito é a União

Soviética, que sai com pesadas baixas e um punhado de territórios. Mas a amizade entre os *aliados* dura pouco. Em discurso proferido nos Estados Unidos, em 1946, o líder britânico Winston Churchil declarou que a União Soviética ergueu, em torno de parte da Europa, uma "cortina de ferro". Harry Truman, em 1947, proclama urgência em resistir à subversão comunista. Dois anos após o fim da Segunda Guerra, tem início a Guerra Fria. (VER FIGURA 3, p. 145.)

Anos 1950

Nos anos 1950, as grandes cidades se modificam, atraindo migrantes e reunindo carros e gente numa confusão nunca sonhada. São Paulo já desponta como a cidade que mais cresce no mundo, arrancando da cidade do Rio de Janeiro algumas luzes da atenção nacional.

Altera-se o modelo brasileiro de desenvolvimento, inchando as metrópoles. Espaços sociais até então inexistentes são reivindicados pelas mulheres, com a incorporação de hábitos trazidos por atrizes como Glória Swanson, Greta Garbo e Joan Crawford.

Hollywood (a sede dos grandes estúdios) já faz escola entre nós, com astros e estrelas de uma nova e brilhante era. Absorvendo as artes tradicionais e acrescentando sintaxe e vocabulário novos à linguagem existente, o cinema seria um dos fatores preponderantes na invasão de hábitos e costumes norte-americanos em todos os países do globo. Os fatores que levam ao desenvolvimento acelerado do cinema nos Estados Unidos podem ser descritos, em qualquer circunstância ou época, como mudança de paradigma: o modelo antigo não permite a mesma liberdade que o novo; as regras implícitas no "velho mundo" podem não ser regras no "novo mundo". Assim, enquanto a indústria cultural europeia declina em criatividade e pujança econômica, a indústria cultural da nova potência segue crescendo, para a frente e para o alto.

Paradoxalmente, durante a guerra, a humanidade habitua-se com as diferenças regionais e se une. Ao final do conflito, na memória dos participantes fica a beleza dos lugares, a conveniência de alguns hábitos e a facilidade de comunicação entre os povos, fazendo com que o intercâmbio seja procurado, incentivado e realizado. O cinema vai materializar muitos desses desejos, levando imagens e costumes de, e para, povos diferentes, criando o embrião de uma aldeia global, numa era que antecede a internet e as facilidades trazidas pelos transportes na segunda metade do século XX.

O rádio continua sua missão de entretenimento e lazer, preservando seus mitos e acrescentando à lista mais alguns nomes, como os de Cauby Peixoto e Angela Maria. Começam a chegar ao Brasil os primeiros rádios equipados com transistores, inventados em 1947 pelos cientistas norte-americanos John Bardeen, Walter Brattain e William Shockley. Embora conte com concorrência cada vez mais forte do cinema. (VER FIGURA 4, p. 146.)

Em 18 de setembro de 1950, às 22 horas, em São Paulo, foi ao ar o primeiro programa de televisão produzido no Brasil. A televisão transformaria o cotidiano das pessoas, improvisando sua própria existência a partir da realidade dos artistas e técnicos oriundos do rádio (então, o maior meio de comunicação de massa, com uma penetração enorme no público em todas as partes aonde chegava).

O teatro forneceu grande parte dos artistas necessários ao novo meio, já que se encontrava em plena maturidade, com os "italianos do TBC" – seu fundador, Franco Zampari, e diretores italianos, como Luciano

Salce, Adolfo Celi e Ruggero Jacobi, financiados por empresários paulistas de origem italiana, como o mecenas Cicillo Matarazzo – lançando as raízes da dramaturgia nacional.

O primeiro televisor eletrônico norte-americano tinha sido criado pela RCA, em 1932. Dezoito anos de *know-how* nos separaram, tornando óbvia a recorrência técnica e artística do novo meio.

De fato, iniciamos a nova era da eletrônica importando latas de filmes, produzindo programas heroicos, fazendo comerciais ao vivo, com garotas-propaganda requisitadas!

Em 1954, Getúlio se suicida, deixando em sua carta-testamento o testemunho da luta contra os interesses estrangeiros, antes de concluir: "saio da vida para entrar na história".

Em depoimento da época, Claudio Bojunga afirma: "A bala que matou Getúlio atingiu também seus adversários. A multidão enfurecida queimou os caminhões de jornais da oposição, enfrentou a polícia, *apedrejou a embaixada americana*".[12]

Já se instalara, na consciência brasileira, a influência mais nefasta que a política de boa vizinhança poderia trazer. Mas a década de 1950 ainda traria alguns dissabores à política e à cultura norte-americanas. O senador McCarthy caçava bruxas no país "das liberdades", enquanto os galãs e os brotos procuravam adocicar o namoro e os flertes. Era tempo de Doris Day contracenar com Rock Hudson, na linha "oficial". Na linha alternativa, James Dean, Sal Mineo, Marlon Brando traziam a rebeldia que começava a manifestar-se em todo o mundo.

[12] Claudio Bojunga, *apud* Sérgio Pinheiro & Sérgio Buarque de Hollanda (orgs.), *Nosso século, 1930-1945*, cit., p. 125.

"ULTIMA HORA" HAVIA ADIANTADO, ONTEM, O TRÁGICO PROPÓSITO

MATOU-SE VARGAS!

EXTRA

Ultima Hora

O PRESIDENTE CUMPRIU A PALAVRA:

"SÓ MORTO SAIREI DO CATETE!"

A Mensagem Que Vargas Deixou Pouco Antes de Desfechar Contra o Peito o Tiro Fatal: "A SANHA DOS MEUS INIMIGOS DEIXO O LEGADO DE MINHA MORTE. LEVO O PEZAR DE NÃO TER PODIDO FAZER PELOS HUMILDES TUDO AQUILO QUE EU DESEJAVA."

AS 8,30 HS. DA MANHA DE HOJE O MAIOR LIDER POPULAR QUE O POVO BRASILEIRO JA CONHECEU ENCERROU DE MODO DRAMATICO SUA GRANDE VIDA UM TIRO NO CORAÇÃO – O GENERAL CAIADO AINDA ENCONTROU COM VIDA O PRESIDENTE – DESOLAÇÃO NO CATETE

Na linha erótica, Jane Mansfield, Mamie Van Doren e Jane Russel faziam a *guerra dos bustos*, com as italianas Gina Lollobrigida e Sophia Loren. Marilyn Monroe posava nua para um calendário, e, em 1953, surgia a revista *Playboy*.

Elvis Presley era sucesso, com o *rock'n roll* chegando até nós.

Os anos 1950 marcam a mudança da publicidade brasileira para São Paulo, com o início da industrialização. Chegam a nós os primeiros supermercados, os anúncios luminosos, os crediários e as promoções. É, também, época do lançamento da revista *Manchete* (1952), convivendo com a *Fon-Fon*, *O Malho*, *A Carioca*. É a década de ouro do jornalismo, com o realismo norte-americano invadindo a informação e a forma de ver e transmitir o mundo. É a década do jornal fundado por Samuel Wainer, o *Última Hora*, que renovou a imprensa no país.

A capital federal vai se mudar. O governo empurra o país para a região Centro-Oeste, com o *slogan* desenvolvimentista de: "cinquenta anos em cinco"!

Com tantos desencontros – e voltando suas preocupações prioritariamente para a Europa –, os Estados Unidos desviaram sua atenção de nossa política interna, e, graças à sua extrema habilidade nas negociações, Juscelino Kubitschek conseguiu transformar um país essencialmente agrícola (café) num parque industrial emergente. Os primeiros grupos industriais automobilísticos a aportarem em terras brasileiras foram a Volkswagen, de capital alemão; a Simca, de capital francês; e a Vemag, de capital nacional, com tecnologia estrangeira. (VER FIGURA 5, p. 147.)

Em 1959, Fidel Castro, Che Guevara e a epopeia de Sierra Maestra desafiam o poderio norte-americano a poucas milhas marítimas de Miami. Tal feito romântico contagia o imaginário mundial e acirra a Guerra

Fria, que agora se desloca para o espaço, com a corrida pela conquista da Lua tendo início nos anos 1960.

Anos 1960

No Brasil, os anos 1960 começam sob o signo da rebeldia. Entra em moda o comportamento desregrado, após anos de bom-mocismo e busca de padrões envelhecidos.

É a vez da arte "participante" e da consciência dos problemas do subdesenvolvimento: uma rebeldia que, nos anos seguintes, provocará uma revolução sem precedentes. Isso, aliado ao avanço dos grupos alinhados com a esquerda, gera um panorama fecundo e produtivo, de questionamento e dúvida, que quer repensar o país a partir de sua cultura popular.

Nós construímos Brasília, orgulho da arquitetura nacional, reafirmação de nossa identidade e de nossa soberania. Nós nos sentimos capazes de pensar sobre a divisão entre os blocos ideológicos, e buscamos fazê-lo com profundidade e amor-próprio.

A divisão entre direita e esquerda, que se acentua após o final da Segunda Guerra Mundial, e os aliados de ontem (que se transformam nos inimigos de hoje) disputando centímetro a centímetro cada terreno no campo dos costumes é o que nos serve de cenário.

Então vem a "revolução de 64", apoiada pelos Estados Unidos, do mesmo modo que ocorreu com todos os movimentos *militares nacionalistas* que vão tomar conta da América do Sul. É a volta do *big stick*, nos moldes da Guerra Fria. O subterfúgio substitui a prepotência, o intervencionismo continua.

Mas a materialização dos ideais "engajados", propostos por intelectuais de esquerda, não se fará esperar. O jovem ganha voz e defende uma liberalização de costumes que vai repercutir até mesmo dentro da casa do "inimigo". Nos Estados Unidos, a juventude distancia-se mais e mais do modelo tradicional.

A esquerda europeia brilha de forma invulgar, com Sartre e Marcuse, e com o neorrealismo italiano no cinema.

Os filmes que fazem a cabeça da moçada são: *A doce vida*, de Fellini, *A longa noite de loucuras*, de Bolognini, *A aventura*, de Antonioni. Godard filma *Acossado*, consagrando a *nouvelle vague* francesa, influenciada pelo neorrealismo.

É o existencialismo de Jean Paul Sartre que representa não mais a liderança hegemônica cultural francesa, mas, sim, a alternativa francesa à pretensa liderança hegemônica cultural norte-americana.

Toda uma estética moderna – do *rock'n roll*, cabelos em desalinho, rebeldia e sentimentalismo – viria trazer um ideal mais próximo da realidade e mais distante dos mitos prepotentes e padronizados de outras eras.

Mitos – é bom lembrar – utilizados com sucesso até então pelo cinema norte-americano na conquista do imaginário mundial.

Mas o desarranjo sociocultural também é fenômeno mundial, e os Estados Unidos quase herdam a liderança desse processo, já que detêm o controle da comunicação e lá há mitos em número suficiente para dar continuidade ao ideário jovem que passou a se manifestar.

No Brasil, Celi Campello e Rony Cord, antes de serem engolfados pelas nossas percepções das renovações, são os roqueiros pátrios. A bossa nova tem em João Gilberto, Tom Jobim, Vinicius de Moraes, Carlos Lyra, Luis

Bonfá e Johnny Alf representantes do "novo". Os teatros Arena e Oficina vão apresentar nossa arte engajada, enquanto Hélio Oiticica, Ligia Clark, Rubens Gerchman e Nelson Leirner vão renovar as artes plásticas.

As relações pessoais ficarão mais distantes, favorecendo ainda mais os meios de comunicação, que só farão reafirmar a hegemonia cultural norte-americana.

A televisão é o fato cultural da década, transmitindo em preto e branco nossa realidade amordaçada e silenciada. A publicidade firma-se como padrão estético, em lugar dos ideais populares, e muda novamente a face do Brasil. Cirurgicamente, o país moderniza-se, enquanto sufoca sua consciência, enfrenta a repressão, o medo e a violência. O movimento é global, com o arrocho acontecendo em todos os países que possam vir a pensar em criar nova Cuba.

A mudança da capital para Brasília, o enfraquecimento do período de conscientização e o início do *milagre brasileiro* mudarão o país, que, anos depois, emergirá com um novo ideário, novas práticas, novos sonhos e novos problemas.

A pop art:
o descaramento consumista[1]

E então vem a pop art. Não de repente, nem mesmo deslizando pelas calçadas do panorama artístico mundial. Mas, quando se viu, estava lá: sublime, melodramática, cheia de falsos brilhos, brincando com a falta

1 Compreender fenômenos complexos exige um olhar em outras direções, áreas e atividades. Por entender que existe estreita relação entre publicidade e arte, procurei, nas artes plásticas, traçar paralelos, estabelecer relações. A pop art não chega a empolgar especialistas, ao contrário do abstracionismo, do expressionismo, e de outras vertentes mais próximas da pintura tradicional, mas entendo que preparou terreno para as mudanças descritas, ao começar criticando o consumo para, sem alterar de fato seu ideário, terminar por louvá-lo. Mudou o movimento?! Não! Mudaram seus artífices, mudou o ambiente que a cercou, mudaram os conceitos da sociedade como um todo. Se, de início, as cartas eram dadas pela Europa (nos resquícios de seu poder cultural), no final, suas manifestações tinham inspiração diferente, celebravam outros mitos, falavam de outros temas e lugares. A compreensão dessa mudança é primordial na percepção do desenvolvimento da atividade publicitária. Que também mudou, chegando a nós como um experimento de linguagem, um catalisador de costumes e, no meu entender, um guia de integração ao contemporâneo.

de jeito do seu "jeito americano". Coisa de inglês, mesclado com norte-americano, mas com tempero exuberante.

O mundo ainda contabilizava os mortos da Segunda Guerra Mundial, os enormes prejuízos e a falta de crença dos países arrasados pelo desastre.

A arte ainda falava do expressionismo abstrato, ainda respingavam intenções concretistas e falava-se dos destinos do surrealismo, quando a Inglaterra, na esteira dos questionamentos acerca dos *ready-made* e celebrando os ícones da sociedade de consumo que se impunham depois da "longa noite", inventou de fazer colagens em que utilizava "imagens de bens de consumo criados pelos comerciais da mídia impressa, como a tevê ligada, uma mesa de centro com embalagens de presunto, ao centro um homem musculoso tipo *mister* universo segurando um pirulito e *posters* na parede extraídos de histórias em quadrinhos".[2]

O trecho, retirado de um livro de Wilton Azevedo, continua:

> A Pop Art na América cresceu com um caráter de surpresa correndo quase que paralelo, e influenciada pelo expressionismo abstrato. O ano de 1955 é marcado pelo importante aparecimento dos trabalhos de Robert Rauschemberg e Jasper John em Nova Iorque.
> O fato de a Pop Art ter se instalado principalmente em Nova Iorque é que o expressionismo abstrato já havia ocupado um lugar importante naquela cidade e era o grande motor de arranque para a arte Pop.
> As raízes da Pop Art, apesar de serem inglesas, alcançam na América uma enorme força gráfica jamais vista antes.

---

[2] Wilton Azevedo, *Os signos do design* (2ª ed. São Paulo: Global, 1996), p. 134.

> Hollywood, Detroit e Madison Avenue produziram nessa época o que havia de melhor em cultura popular, e não podemos desprezar a ideia nacionalista americana que estava em ascensão no pós-guerra.[3]

A coincidência da manifestação artística com o momento mundial, somada ao sentimento de nacionalismo, levou a pop art à grandeza. Além disso, a iconografia celebrada era de interesse de todo o mundo. Todos queriam conhecer as benesses de um país rico, feliz, vitorioso, onde o conforto era distribuído e a experimentação, a acumulação e o desfrute não eram desrespeito.

Na obra do escocês Eduardo Paolozzi, *I Was a Rich Man's Plaything*, datada de 1947, podemos perceber a "coisificação" dos novos tempos a partir do título. As pessoas, porém, não percebiam a ironia; a leitura, desde cedo, passou a ser da celebração do poderoso, da louvação do que estava em análise.

O formato assumido do discurso foi o das artes plásticas, que, numa pesquisa ampla, se mesclou com características muito bem definidas. Era o formato certo para conviver com o declínio da liderança estética europeia, já que era o formato aceitável para os valores "cultos" do mundo. Vencida em seu poderio econômico, seduzida em seus formatos de erudição, cabia à Europa o papel de coadjuvante.

Pouco importava que o conteúdo fosse crítico, áspero e de sabor desagradável; a novidade era de tal monta que ninguém reparou nisso.

Pouco importava, na verdade, que os artistas pop estivessem realizando uma leitura crítica da sociedade de consumo, usando a mesmice e a

---

3 *Ibidem*.

repetição como ênfase formal do caráter redundante da "civilização do dólar".

Celebrava-se a juventude, aquilo que os olhos viam diariamente, num *zapping* gráfico de cores berrantes e aparência absolutamente peculiar. Quase ninguém percebia o caráter imperial. Afinal, mudava-se de eixo, mas não havia sempre um dono?

O que a pop art fazia era homologar o *american way*, desprezando "esquerda" e "direita". Desprezando donos. Pelo modelito da época, a esquerda trazia um conteúdo revolucionário, em roupagens maoístas, de corte econômico e discreta aparência; a direita trazia um conteúdo de manutenção absolutamente conservador, e estabelecia-se num *look* acinzentado ou preto, gravatas finas, penteados artificiais e padronização.

A realidade que a pop art trazia era um novo paradigma, um novo caminho, tanto no conteúdo assumidamente consumista quanto na roupagem "prá lá" de debochada: cores berrantes, formatos inusitados, surpresas visuais e um conteúdo hilariante e realista, onde a inovação era o fato procurado.

Distante dessa preocupação, a linguagem alterava-se, trazendo valores rejuvenescidos e caminhos sedutores a todos que assim o desejassem.

Antagonicamente aos países comunistas, fechados – menos por opção e mais por manobra política – e pouco convidativos, o discurso era o da liberdade. O convite era explícito e desavergonhado, ou pelo menos soou assim naqueles idos de 1960.

Assim a Pop Art levava as imagens da Propaganda para o discurso artístico. As imagens do consumo passavam a ser a musa inspiradora da arte de vanguarda, e os ícones nacionais, o papel de embrulho do cotidiano.

O método de *silk-screen* de Andy Warhol, antes só usado por anunciantes para divulgar a imagem de seu produto, ganha *status* e agora é usado para reproduzir em série os rostos de Marilyn Monroe, Elizabeth Taylor ou Pelé, mitos que povoam como sabonetes as grandes metrópoles.

Para Warhol, o rosto de Marilyn Monroe era tão conhecido quanto um hambúrguer americano ou uma Coca-Cola.

Entre Desenho Industrial, Design de Logotipo, Cinema, Teatro, História em Quadrinhos e publicidade, a arte Pop começa a documentar o mundo do *mass media*. O dilema surge no ato de questionar a obra original, extraída de uma linguagem de reprodução, tornando-a vazia do significado do cotidiano, a principio. Hoje a Propaganda se inspira na Pop Art para fazer anúncios, criando assim uma metalinguagem visual histórica, onde a publicidade fala da história que um dia foi extraída da própria publicidade. Ela se pinta.[4]

É nesse caldeirão mundial, talvez menos passivo e menos acidental do que supõe a história, que a pop art vai falar, em alto e bom som, o discurso da juventude.

Enquanto o mundo busca um pouco de juízo, agarrando-se a valores em ruínas, os jovens tomam o poder, seduzem a mídia e buscam realizar o ideal de um momento de prazer.

Desde Duchamp, nunca ninguém tinha faltado tanto ao respeito, agredido o decoro, caçoado do *establishment*. Pelo menos não tanta gente.

---

4 *Ibid.*, p. 137.

E dá-lhe histórias em quadrinhos em telas, colagens irreverentes, cores escandalosas, objetos fora do contexto habitual.

A iconografia pop vai se perenizar, atingindo épocas posteriores, influenciando movimentos em que não haverá vergonha de ser popular, prazeroso, democraticamente grosseirão e debochadamente alegre. Movimentos com a unidade visual *kitsch* calcada na pop, heróis próprios, valores revolucionários e o *slogan* que viria, alguns anos depois, embalado por drogas, pé na estrada e despojamento franciscano: Paz & Amor.

Foi ali que se declarou ao velho mundo a aceitação sem recriminação do "velho", com a condição intransigente do "novo". Foi assim que, para a habitação da alma humana, abriram-se as portas de castelos inimaginados. Foi ali que se inaugurou, e se encerrou, o século XX.

A pop art, além de punhados de interpretações cabíveis sobre estética e importância, é o momento da materialização do novo. Do verdadeiramente novo.

A pop art no Brasil

Enquanto o mundo discute relações de poder e mudança de eixo cultural, o Brasil, alijado da disputa pelo espaço no cenário mundial – por seu próprio desempenho anterior e pelo ranço do paternalismo vivido pela era Vargas – luta entre a indigência e a promessa, meio índio, meio astronauta, arrancando do próprio líder mundial uma indústria siderúrgica que vai amenizar o atraso no qual está mergulhado.

A modernização está em seu início quando as "forças terríveis" se farão sentir, alterando o curso da história. Quando Juscelino arranca com

Brasília, incentivando a indústria automobilística nacional, a condução política envereda por um beco sem saída.

Nessa época, a pop art reluz em todo o mundo cultural, com sua estética berrante, realizando o discurso da modernidade. Aqui, no Brasil, o discurso passa a ser do protesto, da arte engajada, da experimentação enquanto rebeldia. "A pintura nova brasileira é manifestação clara do que hoje somos: colônia ianque. Expõe o complexo de atitudes contraditórias – atração e repulsão, denúncia e inveja –, confusão que compõe as relações tensas entre o colonizador, seus representantes internos e o colonizado."[5]

Na análise da esquerda brasileira, aqui representada pela fala de Sérgio Ferro, uma demonstração da dificuldade terceiro-mundista em aceitar o grito pop, então confundido com o grito da direita, ou apenas o grito norte-americano. Sob esse aspecto, a ironia e o deboche no Brasil teriam algum tipo de correspondência, alguns anos depois, no tropicalismo.

O hoje guru-mor da cultura brasileira, Caetano Veloso – é bom lembrar –, foi execrado pelos movimentos políticos mais conscientes da época por sua postura de realizar plenamente suas preocupações estéticas e o potencial anárquico da juventude. Em resposta, lançou a música *É proibido proibir*, para desalento de quem lutava pelo afastamento das políticas mundiais.

A postura esteticamente revolucionária da pop art vai se manifestar no Brasil mesclada com a estética da contestação do "imperialismo" e com a "resistência à dominação".

5 Sérgio Ferro, *O canteiro e o desenho* (São Paulo: Projeto, 1979), p. 84.

Coisa nossa, já que mostra nossa vertente antropofágica de querer ser e querer negar; aceitar o jogo, roubando nas cartas; entrar na festa, mas passar mal para manifestar seu desagrado.

> Ora, esta ambiguidade da Pop, e só ela, explica a defasagem entre a linguagem potencialmente agressiva e a temática conservadora. De fato, imitando o Dada, a Pop deu novo impulso a uma série de recursos de linguagem básicos para uma pintura atuante e politizada. Exemplo: a técnica da *desconstelação*, procedimento essencial do Dada, que é a retirada de alguma coisa ou fato de seu contexto normal, e sua colocação em outro diferente. Com esta técnica é possível evidenciar aspectos ou significações habitualmente desprezados ou não percebidos. A Pop revigorou, também, a referência direta: as cores, as formas, os personagens, os símbolos da era da comunicação de massas interromperam a abstinência abstrata e informal de imagens que já durava há anos, tornando-as altamente eficazes. E mais a fotografia, o objeto, a palavra, etc.[6]

O ideário da pop art brasileira, convivendo concomitantemente com a Nova Objetividade (de Hélio Oiticica, Ferreira Gullar, Lygia Clark, entre outros), mergulhava na aventura latina, na luta de classes, no engajamento e na consciência, e refutava os modismos, os aspectos formais sem lastro social, o esvaziamento dos signos que ainda não nos pertenciam. Porém, convivendo com os ditames da consciência e da vanguarda estética, um "jeitinho brasileiro" reinventa a roda:

---

6 *Ibidem*.

> No Brasil, a frustração generalizada a partir de 64, as restrições a qualquer ação livre e responsável, o irracionalismo mórbido que governa por procuração requereram alterações na pintura, como em tudo. Ora, a pop, naquele momento já era mercadoria internacional, à custa de muitos dólares, com a premiação de Rauschemberg em Veneza.
>
> Embora abafando o que fazia renascer, o neodadaísmo pop sugeria a linguagem forte que a pintura brasileira procurava. Equipados com esta linguagem, os novos pintores rapidamente se afastaram da sua produção anterior.
>
> Sua pintura crítica, procurando atuar pela formulação de alguns dos nossos problemas, talvez importe mais por seu processo de formação do que por realizações particulares. É que oferece modelo sintético do desenvolvimento típico da nossa pintura (e, talvez, de nossa cultura): colônia sempre, apropriamo-nos das formas em uso nas várias metrópoles – o barroco português, o modernismo inglês e francês e, agora, a "massculture" americana. Depois, por distorções e radicalizações, tentamos enxertar alguma coisa nossa nestas importações. E, mesmo assim, exprimimos o que somos, porque somos o que de nós conseguimos fazer, dentro dos limites e padrões que as metrópoles impõem. Poderá vir dia diferente, mas ainda não veio.[7]

E assim foi que o mundo mudou. A pop materializou o novo.

Na explosão de cores e deboche da pop, só quem estava vestida para a festa era a publicidade. O que era *kitsch* foi publicado; o que não se usara

[7] *Ibid.*, p. 84.

até então passou a ser disputado a tapa; o brilho fácil, ontem desprezado, continuou fácil, mas adquiriu respeito.

Os holofotes foram postos na publicidade, e ela não decepcionou: caprichou na imagem, se vestiu de poesia, investiu na experimentação. Vale foto, vale quadrinho, vale colagem, serigrafia, *jingle* e até cartaz: vale tudo!

Se ontem a publicidade já não ligava a mínima para as críticas, servindo aos interesses dos clientes, hoje, glamorizada e chamada de gostosa, ela sorri, encantada, e aumenta um pouco o salto do sapato.

As mensagens?! Essas foram se alterando, modificando-se, sendo truncadas, clipadas e zipadas. Já que todos prestavam atenção ao gabarito dos anúncios, ao padrão das peças publicitárias, mais se podiam reduzir as mensagens, mais se podia ousar, sem perder audiência.

Se, em todo o mundo, a pop representou a quebra do paradigma da influência cultural europeia e a renovação político-cultural, a publicidade representou, mesmo antes do momento em que se viu retratada, a renovação da linguagem.

E, como ela, num mundo novo, aprendemos a usar um novo jeito de enviar mensagens.

Publicidade:
a máquina de divulgar[1]

Origem e mecanismos

Totalmente informal, condensada e dirigida – além de repetitiva –, a publicidade abre um capítulo à parte no ideário humano quando vai falar a linguagem da rua, nomeando desejos, sonhando acordada e prome-

1 Já traçamos o panorama do ambiente e um recorte de outra atividade. Cabe-nos, agora, mostrar o surgimento da publicidade e sua evolução até a virada do século XIX para o XX. Se tecnologias impulsionam a vida, então investigaremos as tecnologias que permitiram o surgimento e o desenvolvimento da atividade publicitária. Voltamos nossa atenção para os mecanismos utilizados nas mensagens publicitárias, tentando perceber as alterações de linguagem introduzidas. O que vemos é a passagem da forma linear de exposição (dos argumentos de alguns exemplos antigos) para a não linearidade multifacetada das mensagens dos nossos dias. Nessa mudança, a publicidade vai apoiar seus textos nas imagens, reduzindo os primeiros, sem perda de inteligibilidade, e, num momento mais atual, vai apoiar a dobradinha texto e imagem, já consagrada na compreensão do leitor (quando da "alfabetização" deste na linguagem publicitária), reduzindo ainda mais as mensagens.

tendo (mentirosamente, como quase toda a humanidade) o que jamais poderia cumprir.

É no campo das promessas que a sociedade vai incorporar a publicidade. Como já dissemos no início, ela mente, tudo bem. Mas, ao prometer, o faz com competência! O raciocínio é o mesmo do carnavalesco Joãosinho Trinta: "Pobre gosta de luxo; quem gosta de miséria é intelectual".

Será que podemos falar em mentiras, quando todo o desenvolvimento dos meios de comunicação se apoiou em transmissões de sinal aberto, pagas pelas empresas que veiculam anúncios?

Seriam os apelos de venda mais mentirosos do que a celebração da nobreza de ontem: príncipes, reis, duques, barões e suas respectivas amantes, namoradas, esposas e até parentes?

Não teria a publicidade de criar um meio para se tornar realmente notada, já que de sua eficácia depende a continuidade dos investimentos?

O meio encontrado foi buscar, por meio de artistas, formas atraentes de dizer o hoje tradicional "compre já!", ou "compre de mim", ou "venha conhecer".

Copiando um gesto secular, a propaganda foi buscar na arte maneiras de reforçar mensagens – subliminares ou nem tanto – de caráter efêmero.

Nos primeiros séculos da Era Cristã, a Igreja Católica acumulou poder e riqueza, ditou normas e se impôs como uma força absolutamente inconteste em diversos rincões do planeta. Através dos anos, utilizou expedientes para popularizar sua mensagem de fé. Quantidades incalculáveis de tinta e esforço foram gastas na celebração do sofrimento de Cristo, com resultados indiscutíveis. O caminho já havia sido apontado.

Mas falar em publicidade implica buscar um pouco de sua origem nos meios que permitiram tão significativo avanço até os nossos dias, e traçar um rápido esboço de como a atividade se organizou desde então. Para isso, traçamos um painel histórico das condições que trouxeram a publicidade até aqui.

Depois, vale tentar entender como as mensagens ganham espaço em nosso cérebro, e como essa linguagem se estrutura e se renova. Para isso, vamos falar de alguns mecanismos de condução das mensagens, usando de algumas pérolas de nossa iconografia tupiniquim.

Origem

A invenção da escrita alfabética, no século XII a.C., é atribuída aos fenícios. Com a disseminação dessa tecnologia, foi facilitado o acúmulo de conhecimentos, ao evitar a perda rotineira existente na tradição oral. Por outro lado, a psique humana e suas extensões mais visíveis reorganizaram-se, modificando a própria sociedade. A escrita levou séculos para ser levada de um canto a outro do planeta e foi depositária das grandes criações culturais dos povos.

Antes de Cristo, a humanidade conheceu um período áureo com os gregos. Aristóteles, no primeiro volume da *Metafísica*, argumenta que tudo o que poderia ser descoberto para atender às exigências práticas e tornar confortável a vida cotidiana já era conhecido. Grande parte dos conhecimentos então acumulados perdurou por séculos:

> A astronomia faz algum progresso com Tales; a matemática e a relojoaria com Anaximandro; a acústica e a matemática com Pitágoras; a física com Demócrito e Parmênides; a geografia, a história e a sociologia com

> Heródoto; a biologia com Emédocles; a mecânica com Arquimedes; a medicina e a ética profissional com Anaxágoras e, principalmente, com Hipócrates; a biologia e a anatomia com Aristóteles; a botânica com Teofrasto.[2]

E dos gregos ainda viria o melhor aperfeiçoamento dos códigos de transcrição da linguagem: a introdução de vogais e consoantes. Isso gerou, entre outros, o alfabeto latino, difundido pelo mundo.

Em que pese a grandeza dos romanos e os principais passos da humanidade nos séculos seguintes, por nosso tema ser a comunicação e, mais especificamente, a propaganda, vamos saltar até Gutenberg e a uma nova revolução no fluxo da história. A imprensa, que democratizou a palavra escrita e acelerou notadamente o curso da sociedade, foi apontada por um painel de especialistas (reunidos pela revista *Life* e publicado com pequenas alterações pela revista *Veja*)[3] como o fato mais marcante de todo o segundo milênio da aventura humana. Constitui-se em momento decisivo da humanidade e tem uma velocidade de disseminação muito maior que a da escrita, graças ao intercâmbio já existente entre os povos do planeta.

Segundo diversos autores – entre eles o escritor Alvim Toffler e o filósofo Pierre Lévy –, um terceiro momento fundamental para o entendimento da vida humana seria o advento da informática e da tecnologia baseada em cálculos binários, que – por seu impressionante poder de propagação e sua velocidade, impensável para a maior parte das pessoas que

---

[2] Domenico de Masi, *O futuro do trabalho* (Rio de Janeiro: José Olympio, 2001), p. 60.

[3] *Veja*, Especial do Milênio, nº 1578, dezembro de 1999.

habitam nosso planeta – poderá libertar o raciocínio da linearidade a ele imposta até hoje.

Nossa visão, nesse trabalho, vai se voltar para os ancestrais mais próximos da publicidade, procurando estabelecer uma relação entre a marcha humana e suas tecnologias, enfocando a publicidade como subproduto, agente e receptor da dinâmica do tempo, inicialmente no período de invenções e técnicas compreendido entre o advento da Revolução Industrial e os nossos dias. Mas uma leve pincelada de passado pode nos conduzir com segurança até aí.

Passado

São diversos os autores que fazem referência à publicidade como uma atividade existente desde os primórdios da civilização. Segundo a *Enciclopédia Britânica*, o primeiro anúncio conhecido do mundo – encontrado por um arqueólogo nas ruínas de Tebas – data de aproximadamente 3000 a.C. e promete "uma moeda inteira de ouro" como recompensa pela captura de um escravo de nome Shem.

Existem registros de um fragmento de papiro egípcio, conservado no Museu de Londres, que relata a fuga de um escravo, ainda no ano 1000 a.C.[4] Assim, tomando-se a vida do escravo como mercadoria, podemos classificar o papiro como publicidade. Na Grécia, grandes oradores divulgavam ideias, mas também apregoavam produtos.

Na Inglaterra, arautos eram utilizados com os mesmos fins, coisa comum no início da Era Cristã, estendendo-se até a Idade Média.

---

[4] Eugênio Malanga, *Publicidade, uma introdução* (4ª ed. São Paulo: Edima, 1987).

Nas ruínas de Pompeia e Herculano, painéis anunciavam combates de gladiadores, casas de banho, medicamentos e casas de diversão.

Quando Gutenberg – em sociedade com Johann Fust e Peter Schöffer –, ao adotar tipos móveis de metal, fundidos um a um, resolveu os problemas que entravavam a impressão em série, podemos perceber uma nova era na vida humana e, especialmente, na publicidade. A primeira impressão da Bíblia de Gutenberg ocorreu em 1455.

Não era novidade o uso de um molde para reproduzir um desenho, já que técnicas de gravura existiam há bastante tempo. Nem o sistema de composição de um livro chega a ser revolucionário, já que o tipógrafo levava possivelmente tanto tempo quanto um copista para realizar o trabalho. Mas, se um copista conseguia uma peça única, um tipógrafo podia imprimir um número muito maior de livros e impressos.

> Para bem apreciar o feito de Gutenberg, é necessário entender o que ele não fez. Ele não inventou a impressão: essa arte já existia na China do século VIII, utilizando caracteres múltiplos talhados num bloco único de madeira. Não inventou os tipos móveis, as letras reagrupadas para a nova página; o impressor chinês Pi Sheng os criou por volta de 1040. Gutenberg não inventou nem mesmo o tipo móvel de metal: coreanos o fizeram no século XIV. A impressão de textos com blocos de madeira só chegou à Europa no começo do século XV e parece que ninguém no continente conhecia as técnicas mais avançadas do Oriente. Na verdade os tipos móveis não eram comuns na China e na Coreia, onde a escrita incluía 10.000 caracteres. Na Europa por outro lado essa tecnologia parecia prometer muito. O que Gutenberg criou foi o primeiro sistema

> ocidental de tipos móveis que funcionou – tão bem que continuou praticamente o mesmo por 350 anos.[5]

A primeira face dessa revolução pode ser a tiragem, e a possibilidade de aumentar a oferta de exemplares, numa sociedade desacostumada à informação; e o barateamento, que permitiu o acesso de diversas camadas da população aos anteriormente caríssimos exemplares.

Mas a face mais reluzente, sem dúvida alguma, é a modificação no modo de pensar, que vai acelerar o Renascimento, permitir o surgimento de ideias mais condizentes com a realidade do homem e arrancar a humanidade do atraso e do obscurantismo. Em pouquíssimo tempo, a Europa encontra-se abastecida de pequenas editoras, e o mundo começa a encontrar seu real espírito.

Já a publicidade moderna descende diretamente da pintura e da literatura. Mas também pode agradecer ao cinema e ao rádio. Na verdade, deve sua existência a um conjunto de situações, necessidades e técnicas que viriam a configurar-se, sempre atendendo aos ditames humanos.

Ambiente e motivação

Antes do desenvolvimento das técnicas e meios, convém citar as questões relativas ao ambiente econômico e à motivação social. É importante notar que, principalmente depois de Marx, a economia vem sendo questionada, em diversos momentos, pelos grupos que se identificam com o comunismo, como se o desenvolvimento econômico fosse um

5 *Veja*, Especial do Milênio, nº 1578, dezembro de 1999.

corpo estranho à sociedade, um mal a ser abolido, uma criação malévola de uns poucos, destinada a acorrentar os homens.

Ecos longínquos dessa posição foram abolidos no final da Idade Média, quando a condenação à usura foi perdendo efeito, sendo abrandada, e mesmo praticada, pela sociedade, aí incluída a própria Igreja.

Mas a sociedade feudal desmorona justamente quando o capital muda de mãos, alterando o ciclo produtivo, e gerando riqueza móvel, mutante, dinâmica. É ao surgir a burguesia (palavra derivada de "burgo", tipo de montes fortificados que deram início a cidades na Europa feudal) que, finalmente, a sociedade vai sair de seu torpor e da mesmice para a liberdade de criar e ousar.

Desde o século XII, o desejo de liberdade – real e natural no ser humano – põe seu peso a serviço da sociedade, e o comércio, parente direto do consumo, vem traduzir as aflições do homem comum e instrumentalizar tal desejo.

É o momento em que o homem se liberta do feudo, do senhor e de uma tradição imutável, expressa nas monarquias e no feudalismo.

> Uma das modificações mais importantes foi a nova posição do camponês. Enquanto a sociedade feudal permanecia estática, com a relação entre senhor e servo fixada pela tradição, foi praticamente impossível ao camponês melhorar sua condição. Estava preso a uma camisa de força econômica. Mas o crescimento do comércio, a introdução de uma economia monetária, o crescimento das cidades proporcionaram-lhe meios para romper os laços que o prendiam tão fortemente.
> Quando surgem cidades nas quais os habitantes se ocupam total ou principalmente do comércio e da indústria, passam a ter necessidade

> de obter do campo o suprimento de alimentos. Surge, portanto, uma divisão de trabalho entre a cidade e o campo.[6]

Então, ao contrário do que defendem certas correntes mais contemporâneas do pensamento, a força econômica – pelo menos nesse momento estabelecido entre os séculos XII e XV – liberta, não oprime; apoia o crescimento, não a estagnação; incentiva o indivíduo, não um sistema de coerção.

Motivada pelo crescimento de uma classe, pelo deslocamento do poder e pela abertura de novas possibilidades no horizonte humano, a sociedade vai alterar padrões seculares e investir no novo, trazendo tecnologias revolucionárias e percebendo que o comércio é, cada vez mais, um elemento de confirmação de sua liberdade.

Diversas soluções trazidas à tona na Revolução Industrial já se encontravam prontas desde a Idade Média. Mas foram necessárias mudanças no ambiente global para que elas encontrassem espaço para florescer.

Dessas, a mais revolucionária de todas foi a imprensa.

A imprensa

Já há muitos séculos existia o jornal, embora em formatos irreconhecíveis para nossos padrões atuais. Suas origens também têm diversas versões, espalhadas aqui e ali.

Antes mesmo do nascimento de Cristo, os romanos afixavam, nos logradouros públicos, folhas de notícias, as *Acta diurna*, "os mais antigos

6 Leo Huberman, *História da riqueza do homem* (21ª ed. Rio de Janeiro: LTC, 1986), p. 42.

escritos aparentados com o jornal".[7] O governo veneziano, no século XV, imprimiu uma pequena folha de notícias que podia ser adquirida por uma *gazzeta*, a moeda local da época.[8]

Seguiram-se as *fogli d'avvisi* (século XV), os corantos (século XVII) e os jornais diários (século XVIII). Os corantos foram antepassados próximos do jornal de hoje. Em página simples, noticiavam assuntos de política e comércio exterior, traduzidos do inglês e do francês, e não chegavam a ter alguma regularidade.

Foi o *Mercurius Britannicus*, em 1625, que primeiro publicou anúncios pagos, inaugurando o espírito da publicidade moderna. É Eugênio Malanga quem diz:

> Como a principal finalidade desses primeiros anúncios era simplesmente chamar a atenção do leitor para determinado produto ou serviço, geralmente revestiam-se da forma de uma declaração seca, tal como no exemplo, do mesmo periódico, datado de 30 de setembro de 1658: Essa excelente bebida *China*, aprovada por todos os médicos, chamada *Tcha* pelos chineses, por outras nações *Tay*, aliás, *Tea*, é vendida na Cafeteria Cabeça de Sultana, em Sweeting's Rents, pelo Royal Exchange, Londres.[9]

Mas, mesmo que o espírito da publicidade estivesse pronto no início do século XVII, a sociedade como um todo ainda não estava. Foi preciso que acontecesse a Revolução Industrial para que a necessidade das ven-

---

[7] Carlos Rizzini, *O jornalismo antes da tipografia* (São Paulo: Nacional, 1977), p. 4.
[8] *Ibid.*, p. 84.
[9] Eugênio Malanga, *Publicidade*, cit., p. 18.

das impulsionasse a colocação de anúncios e que eles deixassem de ser um anexo dos jornais para transformar-se em verdadeiro esteio deles.

O processo de industrialização vai gerar, no século XIX, uma verdadeira marcha em direção aos centros urbanos, fazendo com que se avolumem as benesses do mundo moderno. Grandes contingentes vão ser alfabetizados, passando a exercer fortes pressões no sentido de receber informações e notícias.

As técnicas, além disso, vão trazer um impressionante volume de facilidades na produção diária de jornais. A primeira grande facilidade está na adoção do uso da polpa de madeira para o fabrico de papel. A segunda é o aperfeiçoamento da fundição mecânica de tipos metálicos. Teremos ainda a estereotipia e as máquinas de composição, estas culminando no linotipo de Mergenthaler. E, de todas, a mais significativa parece ter sido a introdução da prensa cilíndrica a vapor, do alemão König, em 1812, em Londres.

Dessa forma, embora desde o século XVII existissem condições para a existência do jornal como o conhecemos hoje, foi só no século XIX que ele realmente vingou.

Em 10 de setembro de 1808 surgia o primeiro jornal brasileiro, a *Gazeta do Rio de Janeiro*, que já em seu primeiro número trazia este anúncio: "Estão no prelo as interessantes obras seguintes: *Memória histórica da Invasão dos Franceses em Portugal no ano de 1807. Observações sobre o comércio franco no Brasil*".[10]

Mas a chamada empresa jornalística, visando ao lucro e a anúncios pagos, só chegaria ao Brasil em torno de 1890, com a modernização dos

[10] *Ibid.*, p. 19.

antigos jornais, como a *Gazeta de Notícias* e o *Jornal do Comércio*, e com a criação de novos órgãos já voltados para esse fim, como o *Jornal do Brasil* e o *Correio da Manhã*, todos do Rio de Janeiro. Em São Paulo, vai surgir o *Diário Mercantil* e, em Porto Alegre, o *Correio do Povo*.

Inaugurado em 1833, o jornal *The Sun*, de Nova York, passa a dar ênfase às notícias locais e arranca, do nada, para uma tiragem de 30 mil exemplares em 1937. É o chamado jornal de massa, que vai ser enormemente favorecido pelo uso do telégrafo para conseguir suas notícias.

Em 1836, a publicidade finca raízes num diário francês, *La Presse*, que modifica radicalmente a noção então vigente de jornal ao publicar anúncios pagos. Com a novidade, a tiragem do jornal chega a 10 mil números e, em seguida, vai a 20 mil.

Após duzentos e poucos anos em ritmo reduzido, a imprensa deslancha e desenvolve-se rapidamente, principalmente depois de resolvido o problema de como financiar um jornal mais barato para distribuir em larga escala.

Quando a tecnologia barateou o jornal, a sociedade atingiu o ponto adequado à absorção de informações diárias, e as transformações econômicas decorrentes do comércio atingiram os países do velho e do novo mundo estimulando a produção e a venda de mercadorias, a publicidade surgiu naturalmente como financiadora dos meios de comunicação e coautora das modificações em curso.

Nos dias de hoje, em razão do corte de árvores para a produção de papel, do enorme desperdício de matéria-prima (representado pela impressão de um exemplar cuja duração é de apenas um dia) e da consciência ecológica desenvolvida entre nós, a principal característica do jornal, que é a agilidade sobre outros meios de comunicação impressos, passa pela ameaça de ceder espaço à internet e aos meios eletrônicos de divulgação. Estuda-se um papel a ser impresso com tinta ativada por *chips* eletrônicos ou, mesmo, uma película plástica que substitua o papel.

Seja qual for o formato que o jornal venha a assumir nos próximos anos, ele continua sendo um excelente meio de divulgação, largamente utilizado pela publicidade, tanto nos classificados – que se tornaram seções rentáveis e lucrativas – quanto na publicidade criativa de produtos e serviços.

De certa forma, podemos creditar à imprensa o mérito de estimular na publicidade o papel de esteio econômico, que lhe dá legitimidade e poder de persuasão, tornando-a quase inseparável dos informativos atuais.

O cartaz

Brilhantemente anunciada por Walter Benjamin, num texto hoje clássico, a era da reprodutibilidade técnica pode seguramente ser reconhecida nas gravuras e suas novas técnicas, aperfeiçoadas em fins do século XIX. São bastante conhecidos os cartazes realizados por grandes artistas do pincel, como Toulouse-Lautrec, valendo-se das mesmas condições industriais que impulsionaram os jornais. A litografia, que veio se somar à xilogravura já largamente utilizada, foi aperfeiçoada em finais do século XIX, bem como a gravura em metal.

A litografia tinha sido criada por Alois Senefelder, na Áustria, em 1789, mas só viria a se desenvolver após cerca de cinquenta anos.

Em 1866, Jules Chéret passou uma temporada na Inglaterra e, retornando a Paris, começou a produzir – com maquinário inglês baseado em desenhos e projetos de Senefelder – cartazes litográficos coloridos. (VER FIGURAS 6 E 7, p. 148.)

Tendo estudado na Escola de Belas Artes, Chéret tinha nos cartazes uma ótica de artista, acreditando que eles talvez não fossem os melhores veículos para a publicidade. Isso fez a diferença entre o seu trabalho e o de outros cartazistas de seu tempo: a qualidade artística, que superava o simples registro de vendas.

Em vida, realizou mais de mil cartazes, sempre a serviço de suas ideias e de produtos e serviços característicos da França de então. Preferiu a rua aos salões e eternizou seu trabalho.

A cidade de Paris tinha sido reformada naqueles dias, e diversos edifícios estavam semidestruídos e feios. Chéret utilizou suas paredes para expor suas obras, alegrando a cidade e conferindo-lhe um clima de leveza e uma certa ingenuidade, típicos dos finais do século XIX. Utilizava sempre um modelo feminino risonho e ligeiramente irresponsável, que marcou época entre a população. Seu modelo favorito era a atriz e bailarina Charlotte Wiehe. O público a chamava de *la Chérette*, e muitas mulheres tentavam imitar seus gestos e aparência.

Alguns jovens artistas, entre eles Toulouse-Lautrec, seguiram as lições e ensinamentos de Chéret, acentuando características individuais. No caso de Lautrec, ele acrescentava um testemunho pessoal da intimidade dos salões e cabarés franceses, com toques mais rápidos e mais conteúdo emocional. Mas se conhecem apenas 31 cartazes de sua autoria. (VER FIGURAS 8 E 9, p. 149.)

Mesmo Picasso, o grande nome da arte do nosso século, realizou alguns cartazes, afeito que era à experimentação e ao novo.

Na virada para o século XX, vem a paixão pelo novo, e, nos cartazes, o movimento mais significativo será o *art nouveau*, assim conhecido na França, Estados Unidos e Grã Bretanha, ou *Jugendstil*, na Alemanha.

O *art nouveau* nos trará nomes como o do escocês Charles Reine Mackinstosh, o genial Toulouse-Lautrec, Pierre Bonnard e o inconfundível Alphonse Mucha, eternizando Sarah Bernhardt. (VER FIGURAS 10 E 11, p. 150.)

Nos Estados Unidos, o nome de Edward Penfield brilhava juntamente com a *Harper's Magazine*. A partir de 1894, o inglês Aubrey Beardsley começou a ser reconhecido por seu trabalho na Inglaterra e, muito mais, nos Estados Unidos. Seu estilo era copiado, e as grandes cidades pareciam inundadas por sua arte. Em seguida, surge o cartazista norte-americano Will Bradley, que levou o povo a perguntar, quando via um cartaz: Esse é do B inglês, ou do B americano? (VER FIGURAS 12 E 13, p. 151.)

O cartaz tomou grande impulso, tornando-se uma importante mídia para a publicidade. Isso se explica a partir do interesse da sociedade nos produtos anunciados e da crescente concentração urbana.

> O surgimento de pioneiros no design de cartazes como Jules Chéret na França, ou J. H. Bufford e Louis Prang, nos Estados Unidos, se deve tanto às particularidades do meio em que viviam quanto à criatividade desses indivíduos. Quando uma nova tecnologia surge em um contexto que não está preparado para assimilá-la, ela tende a ser desprezada ou ignorada, como é o caso da curiosa descoberta do processo fotográfico por Hercules Florence, no interior de São Paulo, seis anos antes de Daguerre anunciar em Paris a invenção que iria revolucionar a comunicação visual moderna como nenhuma outra.[11]

[11] Rafael Cardoso Denis, *Uma introdução à história do design* (São Paulo: Edgard Blücher, 2000), p. 51.

Imagine-se uma cidade do final do século XIX, repleta de curiosos vindos de pequenos vilarejos, atraídos pelas compras e pelo cenário dinâmico da concentração de pessoas num mesmo espaço. Maravilhas da ciência eram aplicadas às grandes cidades, e o paisagismo, cuidadosamente criado por uma multiplicidade de soluções arquitetônicas, enchendo os olhos de gente acostumada à paisagem bucólica de zonas rurais.

O progresso, várias vezes identificado com as locomotivas e as estradas de ferro, facilitava sobremaneira o deslocamento. Era possível uma pequena jornada de alguns dias em busca de novidades. Aí é que vão se inserir os cartazes, os anúncios de teatros, espetáculos, produtos diversos e acontecimentos culturais.

A partir de 1910 o *art nouveau* perde força, e movimentos formais, como o cubismo, o construtivismo, o simbolismo e o futurismo, além do *De Stijl*, vão determinar a linguagem dos cartazes na Europa. Nos Estados Unidos, o realismo, trazido pela aproximação com a fotografia, atendia mais adequadamente aos ditames comerciais de uma publicidade que tomava significativo impulso. De certa forma, após o período da Bauhaus, a negativa à preocupação decorativa ditada pelo modernismo influenciaria os cartazes, que só teriam uma sobrevida artística no período *hippie*, na segunda metade do século XX. Não podemos ignorar o fascínio que Cuba exerceu nas gerações que criariam o movimento *hippie* e os cartazes de propaganda ideológica que, ao longo do século XX, consolidaram tanto a revolução de Fidel quanto as revoluções populares. (VER FIGURAS 14 E 15, p. 152.)

A evolução do cartaz e da ilustração como um todo vai chegar rapidamente às revistas ilustradas, que terão um rápido florescimento no início do século XX. Aliadas à expansão comercial, essas revistas serão avidamente consumidas, enquanto o cartaz evolui até chegar aos *outdoors* de hoje, bem maiores e preocupados com o deslocamento das pessoas no trânsito das ruas.

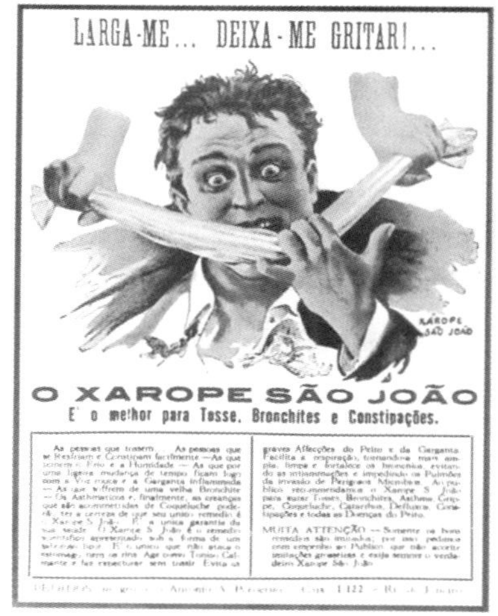

O primeiro cartaz brasileiro data de 1860, no Rio de Janeiro, a mando de Henrique Fleiuss, lançando a sua revista *Semana Ilustrada.* Cartazes de rua, pintura em chapas e muros, cartazes de meia-folha, veiculados principalmente pela Companhia de Cartazes de Bonde, e cartazes de duas e até quatro folhas foram colorindo as ruas das principais cidades brasileiras até a década de 1930.

No Brasil, um destaque da época fica com o primeiro cartaz impresso em quatro folhas do Xarope São João, aqui reproduzido. Até a década de 1950, o que imperava era o cartaz de quatro folhas. A partir daí, os formatos foram variando e sofrendo influências, para finalmente serem padronizados, já rebatizados de *outdoor*, no formato de 32 folhas em sentido horizontal.

A REVISTA

A revista já nasceu segmentada, voltada para um público específico, diferenciando-se do livro pela periodicidade e pelo caráter mais dirigido de seus conteúdos.

A primeira publicação que se enquadra na descrição foi a *Edificantes Discussões Mensais,* feita na Alemanha, em 1663, sob inspiração de Johann Rist, teólogo e poeta de Hamburgo. Era uma revista voltada à discussão de assuntos teológicos e circulou até 1668.

Logo surgiram outras revistas eruditas, como o *Journal des Sçavans,* na França (1665), o *Philosophical Transactions*, na Inglaterra (1665), e o *Giornale dei Letterati*, na Itália (1668). A revista *Le Mercure Galant*, francesa, surgiu em 1672 e circulou até 1799, com matérias mais leves, boatos e fatos da vida pessoal de escritores e artistas da época.

O século XVIII viu surgir um número bastante elevado de publicações. Em 1741, nos Estados Unidos, surgiu a primeira revista norte-americana, denominada *American Magazine*. Infelizmente, durou apenas três meses, mas deixou seu nome marcado pelo pioneirismo.

No início do século XIX, surgem em todo o mundo revistas mais leves, menos identificadas com o público erudito, e alcançam sucesso imediato. Até 1850 não existiam, nos Estados Unidos, revistas de circulação nacional. Após a Guerra da Secessão, o mercado expandiu-se velozmente. A primeira publicação popular da terra do Tio Sam foi a *McClure's*, lançada a um preço mais acessível, obrigando outras publicações a baixar seus preços.

A característica mais marcante das revistas sempre foi a permanência em poder do leitor, o que exigiu um conhecimento mais preciso do perfil de quem as lia e uma espécie de relacionamento diverso daquele entre o leitor e o jornal. Enquanto um se preocupa com a notícia em si, o outro se preocupa mais com a própria leitura.

O desenvolvimento técnico, que beneficiou os cartazes e a imprensa, trouxe os mesmos benefícios às revistas, e a mudança do espírito dos tempos foi alterando o panorama das publicações. Cada vez mais leves, ágeis e, enfim, ilustradas, elas se firmaram como meio de informação e entretenimento em todo o mundo.

A primeira revista a perceber o potencial do conteúdo jornalístico foi a *Time* (1923), norte-americana, que alcançou imediato sucesso e inspirou dezenas de publicações hoje inseridas de forma evidente no cotidiano da sociedade: *Business Week* (1929), *Newsweek* (1933), e as europeias

L'Express, da França (1953), *Der Spiegel*, da Alemanha (1947), e *Panorama*, da Itália (1962).

Existem discrepâncias a respeito da primeira publicação brasileira, já que os registros são bastante imprecisos. Mas essa primazia fica dividida entre os que defendem ser o *Correio Braziliense* (editado em Londres a partir de 1808 por Hipólito da Costa) na verdade uma revista e os que indicam a *Variedades* ou *Ensaios de Literatura*, que durou apenas dois números, em 1812.

Já o início do século no Brasil vai trazer publicações memoráveis, criando um estilo próprio de entretenimento que marcaria gerações. Em 1901, foi lançada, em Paris, a *Ilustração Brasileira*, que para de circular depois de um ano, voltando a ser editada em 1909. Inicia-se também a *Revista da Semana* (1909-1959), suplemento do *Jornal do Brasil*. (VER FIGURAS 16, 17 E 18, p. 153.)

Em 1902, fundou-se *O Malho* (1902-1954), com conteúdo humorístico e político, sob a direção artística do chargista J. Carlos.

De 1904 a 1906, circulou a *Kosmos*. Em 1907, a revista *Fon-Fon* (1907-1958) e, em 1908, a *Careta* (1908-1960).

Grande sucesso editorial, *O Cruzeiro* começaria a circular em 1928, transformando-se na maior revista brasileira nas décadas de 1940 e 1950. Já *Manchete* apareceria em 1952.

A partir das décadas de 1960-1970, um mercado mais maduro traria grandes revistas de padrão internacional, como *Claudia* (1961), *Manequim* (1959), *Desfile* (1968), *Nova* (1972), *Ele & Ela* (1968), *Playboy* (1978), *Quatro Rodas* (1960), *Exame* (1971), e tantas outras.

Destaque-se um marco no mercado editorial que foi a revista *Realidade* (1966), criada pela editora Abril, com inovações técnicas inesquecíveis.

A mesma editora – também destaque no meio de revistas – lançou, em 1968, em plena ditadura militar, *Veja*, hoje a principal revista de informações da sociedade brasileira.

A fotografia

Com o advento da fotografia, uma nova era tem início na comunicação e nas artes. A fotografia, hoje já um hábito do mundo civilizado, realizou o sonho de toda a Antiguidade: a reprodução da realidade. Embora a *camara oscura* já existisse desde o Renascimento, apenas agora oferecia segurança para o registro do real. Como toda a pintura da Antiguidade se baseasse nessa procura, houve, por certo, um momento de hesitação, antes da descoberta de caminhos como o registro da luz, das expressões e dos sentimentos que culminaram no abstracionismo e em toda uma gama de novos caminhos.

Em 1822, o francês Joseph Nièpce conseguiu um registro baseado em betume da Judeia. Em 1827, ele realiza o que hoje é considerada a primeira fotografia.

Embora sem conseguir sensibilizar a comunidade científica, sensibiliza outro francês, Louis Jacques Mandé Daguerre, que vinha realizando experimentos semelhantes. Em 1829, assinaram um contrato de sociedade para investigar juntos o desenvolvimento da técnica fotográfica num sistema batizado de heliografia.

Mas foi após a morte de Nièpce (1833) que Daguerre conseguiu um importante passo para a viabilidade do processo. Acidentalmente, como em quase todas as grandes descobertas da humanidade, ele pôde prosseguir em sua busca, num caminho bastante distante da heliografia original.

Batizou o sistema com o próprio nome.

> As duas primeiras tentativas de rentabilizar o Daguerreótipo foram infrutíferas. Daguerre, ex-pintor acadêmico e proprietário de um espetáculo de ilusões, tentou primeiramente divulgar seu invento no meio artístico. Não obtendo resultados imediatos, passou a fazer demonstrações públicas de daguerreotipia, fotografando paisagens urbanas que eram reveladas *in loco*, no intuito de demonstrar a simplicidade do sistema e vender licenças para sua utilização.
> Nenhuma licença foi vendida. A comunidade artística viu o invento com desconfiança e o grande público acreditou tratar-se de um truque de ilusionista.[12]

A patente do daguerreótipo foi, finalmente, comprada pelo governo francês, em 19 de agosto de 1939, numa solenidade entre a Academia de Ciências e a Academia de Belas Artes.

Embora o inglês Talbot pesquisasse no mesmo caminho – e, como citado anteriormente, Hercules Florence tenha chegado à solução antes desse ano –, existe consenso entre diversos historiadores quanto à paternidade da invenção.

Até os dias de hoje – em um número ainda significativo de máquinas por todo o planeta –, o processo tecnológico permanece o mesmo: uma emulsão fotossensível, exposta por pequeno intervalo de tempo, sofre uma alteração invisível, que pode ser amplificada por banhos químicos,

12 Fernando de Oliveira Chaves "Algumas questões referentes à relação entre tecnologia e a arte na história da fotografia", em Tupã Gomes Corrêa (org.), *Comunicação para o mercado* (São Paulo: Edicon, 1995), p. 230.

daí resultando um negativo da imagem que retrata o momento exposto à objetiva de uma máquina.

Recentemente, com o surgimento da tecnologia digital, máquinas que dispensam o processo químico foram postas à disposição do grande público e ganham terreno de forma veloz: o processo se dá por meio de digitalização do momento exposto, permitindo a um computador sua reprodução, alteração, copiagem, etc.

De certa forma, a fotografia inaugurou uma nova era na história da humanidade, ao registrar a realidade de maneira documental. Libertou a arte do paradigma da realidade, permitindo novos caminhos, mais livres e mais carregados de emoção.

Hoje, mesmo o caráter documental está em xeque, diante das possibilidades inesgotáveis de manipulação de imagens que o computador permite. Mas inegavelmente se cumpriu uma etapa, no domínio da imagem, quando Daguerre registrou o mundo em suas precárias e ousadas experimentações.

Tecnologia elétrica

Em 1879, Thomas Edison criou a lâmpada incandescente com filamento de carbono. A importância dessa descoberta na vida humana foi tão significativa que diversos autores a consideram como uma divisão entre a era mecânica e a era elétrica. O mundo iluminou-se. As relações temporais foram subvertidas e o trabalho humano valorizado.

Foi um enorme passo para a urbanização, a criação da sociedade moderna e, principalmente em nosso enfoque de comunicação, para o surgimento dos meios que seriam determinantes no advento da publicidade.

A palavra telégrafo já foi utilizada pelos gregos por volta de 300 a.C., significando "grafar a distância". A necessidade de comunicação a distância seguramente existe desde os tempos mais remotos. Sinais e códigos foram criados, mas sempre dependeram de contato visual.

Na França de Napoleão, uma rede de quase 2 mil quilômetros de semáforos permitia a comunicação através de braços de madeira, instalados em torres.

No século XIX, o intercâmbio comercial entre nações tornou imperiosa a descoberta de um sistema confiável e efetivo.

Por volta de 1830, os elementos necessários à criação do telégrafo já estavam em poder da humanidade. Tal papel coube a Samuel B. Morse, um professor de literatura e desenho da Universidade de Nova York. O governo federal financiou a primeira linha, que operou a partir de 1844, quando a primeira mensagem de comunicação elétrica instantânea – "O que Deus gerou?" – ligou Baltimore e Washington, nos Estados Unidos, como relata De Fleur. Era o telégrafo. Em 1886, cabos telegráficos foram estendidos através do oceano Atlântico. A invenção do telégrafo soma-se aos demais meios de divulgação de mensagens e, associada ao desenvolvimento do transporte ferroviário – que rasgará a Europa e os Estados Unidos em fins do século XIX –, vai estabelecer uma primeira leva de redes fundamentais para o início da cultura de massa. Embora não fosse um veículo de comunicação de massa, tecnologicamente esse invento foi fundamental por conter a semente da informação moderna e a base elétrica que se desenvolveria até chegar, após a invenção da válvula termiônica (triodo, 1906), aos meios eletrônicos, notadamente o rádio e a tevê.

Em 1876, Alexander Graham Bell conseguiu transmitir a voz humana através de fios elétricos. Era o telefone.

Em 1888, Heinrich Hertz construiu um aparelho capaz de gerar e captar ondas eletromagnéticas que se deslocavam misteriosamente à velocidade da luz.

Foi o passo necessário à concretização do telégrafo sem fio, patenteado em 1897 pelo italiano Guglielmo Marconi. O passo seguinte foi a radiotelefonia, marcada pela primeira transmissão, na véspera do Natal de 1906, em aparelhos construídos por Reginald Fessenden.

O uso da radiotelefonia ficou restrito durante muitos anos aos navios, devido às dimensões dos aparelhos. O surgimento das válvulas e a presença de um jovem executivo da American Marconi Company foram decisivos para o surgimento do rádio como veículo de comunicação de massa.

A era elétrica alterou mais do que apenas o cotidiano das pessoas. Como diversos pensadores destacam, ela alterou a maneira de organizar o mundo, abrindo possibilidades inusitadas e permitindo que o homem ultrapassasse os limites da própria natureza, preparando seu futuro de maneira diferente. Só diferente?! Não. De maneiras totalmente inesperadas e novas. Uma enorme, vasta e abrangente revolução.

> A luz elétrica acabou com o regime de noite e dia, do exterior e do interior. Mas a energia híbrida é liberada quando a luz se encontra com uma estrutura de organização já existente. Os carros podem viajar toda a noite, há as partidas noturnas de beisebol, e os edifícios podem dispensar as janelas. Numa palavra, a mensagem da luz elétrica é a mudança total.[13]

[13] Marshall McLuhan, *Os meios de comunicação como extensão do homem* (São Paulo: Cultrix, 1971), p. 71.

O cinema

O cinema vem atingir a sociedade em decorrência de um fenômeno econômico. Produções artísticas que envolvem muitos participantes têm custo elevado e precisam de financiamento. Do teatro privado das cortes dos príncipes ao teatro burguês do Estado, passando pela ópera, a opereta, e os espetáculos de variedades, todo um caminho se delineia na busca de um público maior, barateando seu acesso e popularizando as produções. Tais características vão marcar o início do cinema, dando-lhe uma direção democrática, sensível às reações do espectador.

Para investigar as possibilidades cênicas e narrativas, o cinema apoiou-se no teatro e, também, na fotografia. O fenômeno da persistência da imagem na retina foi o que embasou as primeiras pesquisas realizadas nesse campo. O belga Joseph Plateau escreveu sua tese de doutoramento descrevendo as características da visão que deveriam ser consideradas para se produzir a ilusão do movimento. Pesquisador dedicado, construiu o Phénakistiscope (1831), que teria sido o primeiro projetor de imagens em movimento. Tragicamente, Plateau terminou seus dias cego, certamente por lesão causada pelas suas pesquisas no campo da visão.

O aperfeiçoamento das películas de celuloide, com o surgimento de chapas fotográficas suficientemente sensíveis, data da década de 1870-1880. A película flexível, da década de 1880. O americano Thomas Alva Edison, em 1890, criou o Kinetograph, onde realizou verdadeiros curtas-metragens. Mas o Cinematógrafo, dos irmãos Lumière, foi o primeiro aparelho a resolver de forma simples o problema da projeção.

Por apenas 1 franco, o espectador era introduzido num salão, onde podia assistir a diversos curtas-metragens. Milhares de pessoas foram conhecer a novidade. Era o surgimento do cinema.

Nos Estados Unidos, os primeiros espectadores da novidade foram principalmente os imigrantes e os caipiras. Recém-chegados às cidades grandes, pouco conhecendo dos hábitos locais ou mesmo da língua, encontravam alento naquelas expressões caricatas, nos poucos letreiros e no humor ingênuo (ao contrário da imprensa, que nasceu elitizada). Na Europa, o cinema também atingiu as camadas mais pobres, apresentado como uma novidade quase mágica de entretenimento e diversão.

Observar o público e a função básica dos novos meios nos dá pistas importantes dos motivos de sua penetração. A popularização fez com que eles se estabelecessem de baixo para cima, num processo inverso ao da formação tradicional de opinião. Os espectadores preferiam filmes com títulos como *Fátima e sua dança do ventre*, *Como Bridget serviu a salada nua*, ou *Sonho de um coelho endiabrado*. Anos mais tarde, a pop art utilizaria o mesmo sistema para encontrar temas para seus discursos pictóricos.

As primeiras salas de projeção localizavam-se nas periferias das cidades e, nos Estados Unidos, logo ganharam o apelido de *nickel-odeon*, algo como caça-níqueis ou salas-poeira.

O mundo então pôde perceber de que era feito. Nas primeiras exibições do cinema, pessoas se atiravam das cadeiras, receosas de que as imagens pudessem lhes fazer mal. Em 28 de dezembro de 1895, os irmãos Lumiére projetaram dez filmes. Um deles, *L'arrivée d'un train à La Ciotat* [A chegada de um trem na estação La Ciotat], fez com que os espectadores se esquivassem da locomotiva. A magia era de tal monta que levava multidões curiosas às salas de espetáculos.

A Primeira Guerra interrompeu a produção de filmes na Europa, garantindo ao cinema norte-americano um público ávido de novas produções e mal atendido pelos estúdios locais.

Mas o cinema continuou sendo realizado com êxito em diversos países, e trouxe consigo duas inovações de linguagem que o tornaram decisivo na história da comunicação no século XX: o *grande plano* (introduzido por D. W. Griffith), que consiste na criação de mais um plano de visão, permitindo aproximações e afastamentos do objeto filmado; e o método de *interpolação* (descoberto pelos russos), permitindo a aceleração do tempo real em sequências frenéticas e simbólicas, como em *O encouraçado Potemkim* e *Outubro*, de Eisenstein, e *O fim de São Petersburgo*, de Pudovkin.

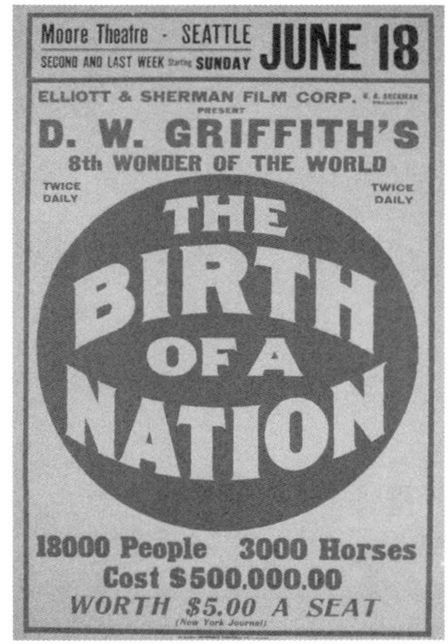

Essas inovações, conquanto pareçam restritas a estudiosos da arte cinematográfica, vão revolucionar a narrativa como um todo, influenciando a literatura e praticamente todas as manifestações artísticas conhecidas.

No quesito linguagem, é necessário citar Georges Méliès, que criou o *corte seco*, além de diversas inovações decisivas para o amadurecimento do meio.

Embora tenha sido realizado com sucesso também na Europa, foi nos Estados Unidos que o campo das experimentações mais se abriu, devido à realidade do mercado e ao seu afastamento do cenário onde ocorreram as duas grandes guerras do século XX.

O ritmo da atividade comunicativa do homem começa a acelerar-se rapidamente. Nos anos 1920, o cinema torna-se uma forma de diversão familiar, exibido em salas mais adequadas. Finalmente, surge o cinema falado, também na década de 1920, com o filme *O cantor de jazz*, com Al Jolson no papel principal.

Foi logo seguido por mídias que mudaram a face do mundo e permitiram o advento da publicidade como a conhecemos hoje, pela intro-

dução do rádio doméstico e, na década de 1940, pela televisão em seu início.

Assim como a fotografia, o cinema não foi financiado pela publicidade. A utilização de imagens serviu primeiramente à documentação e à curiosidade geral, só mais recentemente vindo a se incorporar à cadeia de comunicação comercial.

Mas, no caso do cinema, ele serviu, sim, à publicidade, instituindo comportamentos e ajudando a moldar a opinião pública em diversas situações.

Quando a sociedade norte-americana, por exemplo, ainda relutava acerca da entrada dos Estados Unidos na Primeira Guerra, o cinema foi o arauto dessa necessidade. Com a volta dos soldados no fim da Guerra, ele foi um instrumento perfeito para a criação do mito da dona de casa, com o objetivo explícito de recuperar os postos de trabalho no mercado para os homens que voltavam. (VER FIGURAS 19 e 20, p. 154.)

Para vencer a recessão dos anos 1930, foi planejada e executada uma das maiores e mais duradouras campanhas publicitárias da história, que, em essência, propunha que o povo americano mudasse seu modo de vida e consumisse mais. É a origem do conhecido *American way of life*, como nos relata Rafael Sampaio.[14]

A cada época, um pensamento; a cada pensamento, uma mídia e um discurso.

Embora a partir de 1929 os Estados Unidos – que nessa fase da cultura humana vão desempenhar o papel de liderança – venham a enfrentar

[14] Rafael Sampaio, *Propaganda de A a Z* (Rio de Janeiro: Campus, 1995).

uma pesada crise, ou talvez até mesmo por isso, eles se mantêm na liderança cultural e econômica até os dias de hoje.

A consequência do desenvolvimento de novas mídias é o fortalecimento do novo. Novo líder, novos conceitos. Enquanto isso, o "velho mundo" vai se deparar com problemas que tornarão as mudanças permanentes.

O RÁDIO

Pouco depois da criação do cinema, o rádio, ainda em testes e em desenvolvimento, viria a se colocar "na berlinda", alterando completamente o panorama do mundo, levando fatos diários às casas das pessoas e interligando, pela primeira vez, o nosso planeta. Foi a primeira *net* de que se tem notícia.

David Sarnoff, o já citado executivo da American Marconi Company nos Estados Unidos, sugeriu à companhia a utilização do sistema para fins de entretenimento.

Uma série de acontecimentos transmitidos de navios, como o naufrágio do Titanic e a rebelião da Páscoa Irlandesa, foram alguns dos fatos que levaram à criação do rádio. "Até então, o sem-fio fora utilizado pelos barcos como telégrafo mar-terra. Os rebeldes irlandeses utilizaram o sem-fio de um barco, não para uma mensagem em código, mas para uma emissão radiofônica, na esperança de que algum barco captasse e retransmitisse a sua história à imprensa americana. E foi o que se deu."[15]

A partir daí, diversas foram as experiências com o novo meio levadas a cabo ao redor do mundo.

---

[15] Marshall McLuhan, *Os meios de comunicação como extensão do homem*, cit., p. 342.

O rádio se popularizou, transmitindo músicas e programas de variedades, levando notícias e informação, e ganhando respeito e penetração nos lares de todo o mundo.

Vale dizer que o senhor Sarnoff desenvolveu carreira, chegando a presidir a NBC, mais tarde visitada pelo brasileiro Assis Chateaubriand. Tal visita estaria entre os fatores que resultariam na instalação, no Brasil, de nossa primeira emissora de televisão, a Tupi, de São Paulo, implantada por esse magnata das comunicações, dono dos Diários Associados.

Em 1938, nos Estados Unidos, foi transmitida uma dramatização de *A guerra dos mundos*, como se fosse uma descrição real de acontecimentos. Levou pânico e desespero à população. Pessoas eram vistas deixando seus lares com bagagens, fugindo da "invasão". Nunca se vira nada parecido.

Nos primórdios do rádio estão fincadas as novas raízes da publicidade, como a conhecemos hoje. Até o início do rádio, a publicidade era uma maneira quase óbvia de levar mensagens com caráter de informação, acerca de produtos e serviços que se desejava comercializar.

Foi com a necessidade de financiar programas – como já havia financiado jornais – que a publicidade se impôs e conquistou espaço e o consequente direito de inovar em suas mensagens.

Enquanto o rádio engatinhava, as dificuldades das emissoras para equilibrar seus orçamentos eram fantásticas, já que o público não se dispunha a pagar por transmissões de programas de qualidade selecionada.

Em 1922, a Estação WEAF vendera 10 minutos de tempo para uma companhia imobiliária que comerciava lotes de terreno em Long Island. Apesar de reações contrárias, a novidade vingou, e tem início a publicidade como a conhecemos hoje.

> A princípio a propaganda era sóbria e digna. Muito em breve, porém, tornou-se cada vez mais direta e agressiva. Seria incorreto dizer que o público recebeu favoravelmente a propaganda, mas ele certamente mostrou-se favorável às vantagens trazidas pelas verbas publicitárias. O público aceitava ouvir o pregão do patrocinador, contanto que pudesse assistir ao programa que este oferecia.[16]

Em 1933, a Alemanha nazista usava as ondas do rádio para bombardear seus vizinhos com propaganda política. Já que as sociedades mobilizadas pelas Guerras eram desiguais e suscetíveis a diferentes realidades, foi "necessário" motivá-las através dos meios recém-criados. (VER FIGURA 21, p. 155.)

Sem um código de ética elaborado, sucederam-se as mentiras, que só foram denunciadas no pós-guerra. É o conceito político de propaganda.

A respeito do uso das comunicações com direcionamentos forçados, vale lembrar a história legendária de William Hearst, o milionário norte-americano das comunicações, que na guerra hispano-americana despachou um repórter do seu jornal para a zona de litígio. Este teria mandado um telegrama dizendo que não havia guerra e se deveria voltar. E a resposta foi definitiva: Cuide das notícias. Da guerra cuido eu!

Na Segunda Guerra, a propaganda desempenhou um papel importantíssimo, quando as nações de inspiração totalitária conseguiram montar um aparato inédito de comunicação psicossocial.

Sem as defesas criadas pela própria exposição às mídias (algo como uma autovacina de descrédito, tão comum no cidadão de nossos dias), houve na Alemanha crimes hediondos, experimentações em massa absoluta-

[16] Melvin De fleur, *Teorias de comunicação de massa* (2ª ed. Rio de Janeiro: Zahar, 1976), p. 97.

OLYMPISCHE SPIELE 1936
„Ich rufe die Jugend der Welt!"
SCHIRMHERR DER XI. OLYMPISCHEN SPIELE BERLIN 1936: DER FÜHRER UND REICHSKANZLER ADOLF HITLER
PRÄSIDENT DES DEUTSCHEN OLYMPISCHEN KOMITEES: REICHSSPORTFÜHRER VON TSCHAMMER UND OSTEN
ÜBERREICHT DURCH: J.G.Farbenindustrie Aktiengesellschaft

mente desprovidas de isenção, baseados na convicção de sua superioridade étnica. As manifestações populares enlouqueceram a população, num fenômeno que sempre necessitará de análise social e psicológica especializada, mas que teve como fator decisivo a comunicação, a divulgação persuasiva da mensagem mobilizadora.

Por volta de 1950, o rádio atingiu o ponto de saturação de penetração na vida cotidiana, com aparelhos especialmente desenhados para os automóveis.

No Brasil, o rádio surge com a Rádio Sociedade do Rio de Janeiro, de Roquette Pinto e Henrique Morize, e a Rádio Clube de Pernambuco, de Oscar Moreira Pinto, ambas em 1923. Em 1925, surgem a Rádio Educadora Paulista, a Rádio Clube do Brasil, a Rádio Clube da Bahia e a Rádio Clube Hertz (de Franca, SP). No final de 1930, havia 21 emissoras em operação no país. Foi a "radiomania", no dizer do músico Almirante, uma febre que atingiu o Brasil e perduraria por muitos anos.

A publicidade comercial, nos moldes norte-americanos, só seria disciplinada em decreto-lei de 1932. Aliás, data dessa época o primeiro grande feito do rádio no Brasil, quando a Rádio Record se transforma no veículo da Revolução Constitucionalista de São Paulo, levando a todos a voz de César Ladeira e a marcha *Paris Belfort,* hino do movimento. Mais tarde Getúlio Vargas utilizaria a mesma ideia para transmitir *slogans* e ideais com sucesso.

No Brasil, a era do rádio foi fantástica. No dizer de Alex Periscinoto, "a expansão da mídia eletrônica acabou conduzindo o Brasil para uma espécie de vocação oral e auditiva".[17] Isso seria particularmente verdadeiro

[17] Alex Periscinoto, *Mais vale o que se aprende que o que te ensinam* (São Paulo: Best Seller, 1995).

no início da televisão brasileira, com o aproveitamento dos *casts* de rádio para as primeiras transmissões. E daria origem ao surgimento do grande produto de exportação da televisão brasileira nos mercados internacionais: a novela.

No auge da existência do rádio como veículo de comunicação de massa, no Brasil, um avião da FAB que vinha da Amazônia aproximou-se do aeroporto de Campo Grande e encontrou a pista às escuras por problemas na rede elétrica. Já sem combustível para tentar um aeroporto mais distante, transmitiu o problema pelo rádio de bordo. Um oficial da Base Aérea de Santa Cruz, no Rio de Janeiro, escutou o informe e telefonou para a Rádio Nacional, a mais escutada de então (1958), e a seguinte mensagem foi ao ar:

> – Atenção Campo Grande, Mato Grosso. Uma fortaleza voadora da FAB precisa aterrar. O campo de pouso está às escuras. Os moradores da cidade devem ir com seus carros até o aeroporto para iluminarem a pista. Minutos depois, o avião aterrissava no aeroporto iluminado pelos faróis de dezenas de automóveis.[18]

Muitas histórias, muito folclore, *jingles*, jargões e radionovelas depois, o rádio está consolidado como um grande veículo publicitário, responsável por uma relação especialíssima com seus ouvintes, que, na mente do brasileiro, ocupa lugar de destaque no espaço aberto à publicidade. Nessa virada de século, apesar de receber apenas uma pequena parcela das verbas das agências, continua a fazer parte da história de nossos tempos.

18 Joaquim Ferreira dos Santos, *Feliz 1958: o ano que não devia terminar* (Rio de Janeiro: Record, 1997), p. 157.

É desnecessário dizer que a cultura do rádio foi tão ou mais significativa que a cultura da tevê, com personagens, ídolos, dinâmica própria, subprodutos e frutos. Muitos frutos.

A televisão

O primeiro sistema de televisão completo surgiu ainda em 1884, criado por um jovem alemão de nome Paul Gottlieb Nipkow. Suas ideias foram tão originais e importantes que, muitos anos depois, seriam usadas no desenvolvimento dos televisores modernos.

Em 1932, a RCA (Radio Corporation of America) construiu o primeiro televisor. Os laboratórios Philips, na Holanda, e a EMI (Electrical and Musical Industries), no Reino Unido, desenvolviam pesquisas similares.

A França iniciou as transmissões públicas em 1930. Em 1935 foi a vez da Alemanha. Em 1936, na Inglaterra, surge a BBC (British Broadcasting Corporation). Em 1938, foi a vez da Rússia e, em 1939, dos Estados Unidos.

O Brasil iniciaria suas transmissões em São Paulo, em 1950, para estendê-las ao Rio de Janeiro em 1951. Em 1956, os Diários Associados compram nove estações, iniciando transmissões em Porto Alegre, Curitiba, Salvador, Campina Grande, Fortaleza, São Luís, Belém e Goiânia.

Ainda em 1956, surgiria a técnica do videotape, que permitiria a retransmissão de programas gravados e alteraria a estrutura das emissoras de forma definitiva.

A partir da década de 1950, a televisão vai integrar de forma definitiva o panorama dos países que a instalam, abrindo caminho para a integração global de nossos dias, e alertando os cientistas para as implicações morais de uma rede com o poder já demonstrado pelos meios de comunicação, porém sem o citado código de ética que determine os limites aceitáveis da experimentação.

O fim da década de 1950 e o início da de 1960 representaram o ponto de saturação dos aparelhos de televisão. A comunicação de massa tornara-se um dos fatos mais significativos e importantes da vida moderna.

É interessante notar que, num primeiro momento, os publicitários, como David Ogilvy, torcem o nariz para os comerciais de televisão, demonstrando, mais uma vez, que o novo nem sempre é percebido em toda a sua potencialidade: "Como profissional, sei que a televisão é o mais poderoso meio de publicidade jamais criado. E ganho a maior parte do meu dinheiro com ela. Mas, como cidadão, eu pagaria alegremente pelo privilégio de assisti-la sem intervalos comerciais. Moralmente, eu me encontro entre o mar e o rochedo".[19]

A televisão em cores começou a ser desenvolvida ainda em 1928, mas foi somente em 1954 que os Estados Unidos passaram a realizar transmissões nesse sistema. No Brasil, a tevê colorida chegou em 1972, tornando obsoleto o bordão de uma das mais conhecidas apresentadoras do país, Hebe Camargo, que sempre dizia: "Pena que a televisão não seja a cores!", ao enfatizar detalhes daquilo que estava sendo transmitido.

A tevê a cabo surgiu em 1950, difundindo-se a partir de 1960.

No Japão, em 1989, a televisão de alta definição (HDTV – High Definition Television) inicia suas transmissões.

Inegavelmente o advento da televisão foi um fator decisivo na conexão global das culturas, estreitando vínculos e aproximando países. O inten-

---

19 David Ogilvy, *Confissões de um publicitário* (Rio de Janeiro: Bertrand Brasil, 1993), p. 182.

so intercâmbio de programas e tecnologias uniu o planeta; e assustou analistas, diante da magnitude que uma transmissão podia alcançar.

Aqui a publicidade encontrou um novo espaço, sempre financiando programas, como já o fizera no rádio, e gerando pequenas obras de arte da cultura humana, tanto em programas específicos para o entretenimento, quanto em filmes comerciais de duração de 30 segundos ou 1 minuto.

A publicidade: surgimento

O século XIX viu surgir o conceito de publicidade em vista das novas mídias. Cada passo dado no sentido da produção era acompanhado pela evolução das mensagens como um incremento eficaz dos meios de divulgar novos produtos. As cidades evoluíam, atraindo mais e mais gente, as ferrovias cortavam países e permitiam deslocamentos mais abrangentes.

Segundo a *Enciclopédia Britânica*, a primeira agência de publicidade de que se tem notícia surgiu em 1812, em Londres, e chamava-se Reynell & Son. Já segundo o History of Advertising Trust Archives (HAT), de Londres, a primeira agência teria sido a R. F. White, por volta de 1800. O que se sabe ao certo é que as agências inglesas deram origem à publicidade contemporânea, embora tenha sido nos Estados Unidos que o setor floresceu.

Em 1841, Volney Palmer, jornalista que chegou a diretor do *Pottsville Miner's Journal*, abriu, na Filadélfia, a primeira agência americana de publicidade. Tanto a agência inglesa quanto a norte-americana trabalhavam fundamentalmente com corretagem de anúncios para os editores.

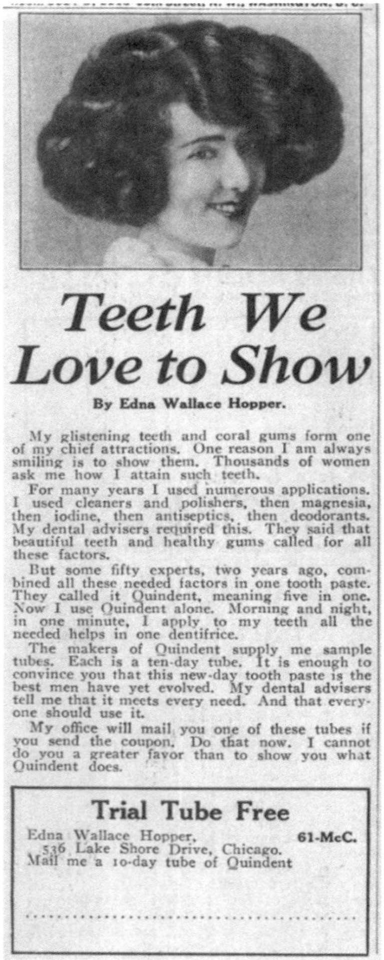

O mercado de classificados florescia paralelamente ao aumento das mídias (veículos) e o crescimento das cidades. Para se ter uma ideia do crescimento da audiência, existiam nos Estados Unidos, em 1830, cerca de oitocentas publicações, entre revistas e jornais. Esse número aumentou, em 1861, para mais de 5 mil publicações. A partir de 1870 estava consolidada a veiculação de anúncios em revistas. (VER FIGURA 22, p. 156.)

O agenciador de anúncios era um passo natural. Se os comerciantes passaram a procurar pelos jornais, revistas e cartazes, no sentido de divulgar produtos, era lógico que surgisse o profissional ligado a tal função. Alguns desses agenciadores representavam exclusivamente um veículo, e recebiam participação em todos os anúncios veiculados, mesmo que os contratos fossem fechados sem a sua participação.

George P. Rowell, que abriu sua agência em 1865, fechou contrato de representação com uma série de veículos e anunciava: “uma polegada de espaço por mês em cem jornais por cem dólares”.

Em 1875, a N. W. Ayer & Son, na Filadélfia, desenvolveu o “contrato aberto”, que permitia ao anunciante a negociação das taxas cobradas pelo editor. Também investiu na prestação de serviços da agência, em vez de fazer apenas corretagem.

Na virada do século, as agências reexaminaram sua atuação, alterando seus procedimentos e preocuparam-se mais com a própria estruturação, prestando serviços mais próximos das agências de hoje, tais como texto, arte, produção e mídia.

Em 1914 surge o Audit Bureau of Circulations (ABC), com a missão de verificar a audiência de cada veículo. Isso obviamente trouxe credibilidade aos meios. Ao mesmo tempo, surgiam as primeiras noções ordenadas

Wear your loveliest silk blouse often—
you, yourself, can easily freshen it!
Won't Turn Silks Yellow!
Don't think that each time a silk blouse is laundered, it must turn yellower and yellower!
Lux will launder it perfectly—it will launder the daintiest, filmiest materials—chiffon cloth! Georgette crepe! crepe de chine!—and keep them as white as when new.
Why silks turn yellow
Authorities on silk say that the action of Alkali on silk makes it acquire a yellow color. They also say that the fiber itself is affected by Alkali. When the Alkali is combined with hot water, and the fabric rubbed, the fiber is ruined.
Lux will keep any silk blouse white, and without rubbing! Lux has absolutely no free Alkali; cleanses wonderfully with luke warm water, and without rubbing. So thoroughly is Lux dissolved that not a flake of the soap remains in the garment to discolor it, but every particle of it is quickly rinsed out. Lux won't harm anything that pure water alone will not harm.
For silk, always use Lux and luke warm water. Never rub and always rinse in luke warm or cold water. When wet, stretch into original shape and press.
Like nothing you have ever seen before
Lux is not an ordinary soap, nor a chipped soap, or soap powder, but pure essence of soap in transparent flakes. Now on sale at all grocers and department stores. Get a package today. Lever Bros. Co., Cambridge, Mass.
LUX 10¢
For All Fine Laundering

Dr. MORSE'S INDIAN ROOT PILLS
W. H. COMSTOCK, Sole Proprietor,
MORRISTOWN, N. Y.

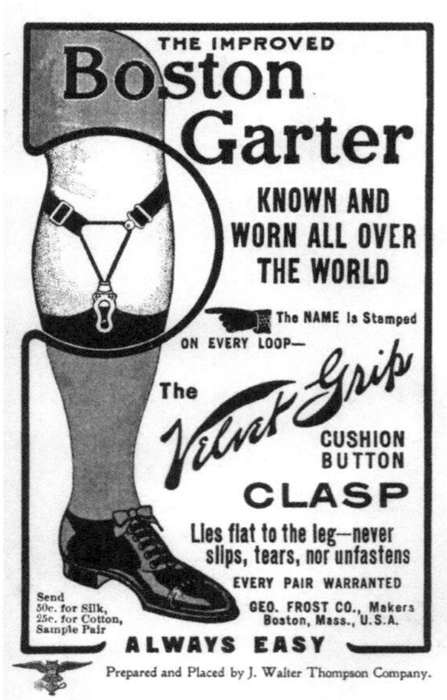

de venda, ligadas à arte publicitária. A publicidade passou a ser compreendida como uma ferramenta indispensável do mercado.

Um dos primeiros documentos que permanecem impressos, reeditados e atuais – demonstrando que, mais do que diversão e boas rimas, a publicidade deveria vender produtos e serviços – é o livro de Claude Hopkins, *Ciência da propaganda*, que chegou ao Brasil em 1952, em edição prefaciada por Alfred Politz. Ele assentava as bases de um sistema que tinha como objetivo maximizar mensagens com o objetivo expresso de vender.

> Os templos hopkianos no Brasil localizavam-se na rua 7 de Abril e na rua XV de Novembro, em São Paulo. Ali, nos prédios da Associação Comercial e dos Diários Associados, forjava-se toda uma geração de publicitários que, sem abandonar as ilusões de escrever o grande romance da língua portuguesa, produzia anúncios e spots de rádio que iam direto ao ponto.Cultivava-se, como virtude, a concisão, a quase impessoalidade do texto. Havia o princípio de que um texto devia ser tão completo, explicativo e persuasivo, que dispensasse a ilustração. Foi o período em que a responsabilidade toda ficava com o redator. O artista, muito contra a sua vontade e até gerando nele hostilidade, limitava-se ao papel de completar o que o redator escrevia.[20]

Geralmente, a Castaldi & Bennaton, depois rebatizada Eclética, surgida em 1914, é apontada como nossa primeira agência de publicidade. Em 1918, Julio Cosi e Eugênio Leuenroth assumiram a agência. Finda a Pri-

[20] Roberto Duailibi, *apud* Renato Castelo Branco, *História da propaganda no Brasil* (São Paulo: T. A. Queiroz, 1990), p. 121.

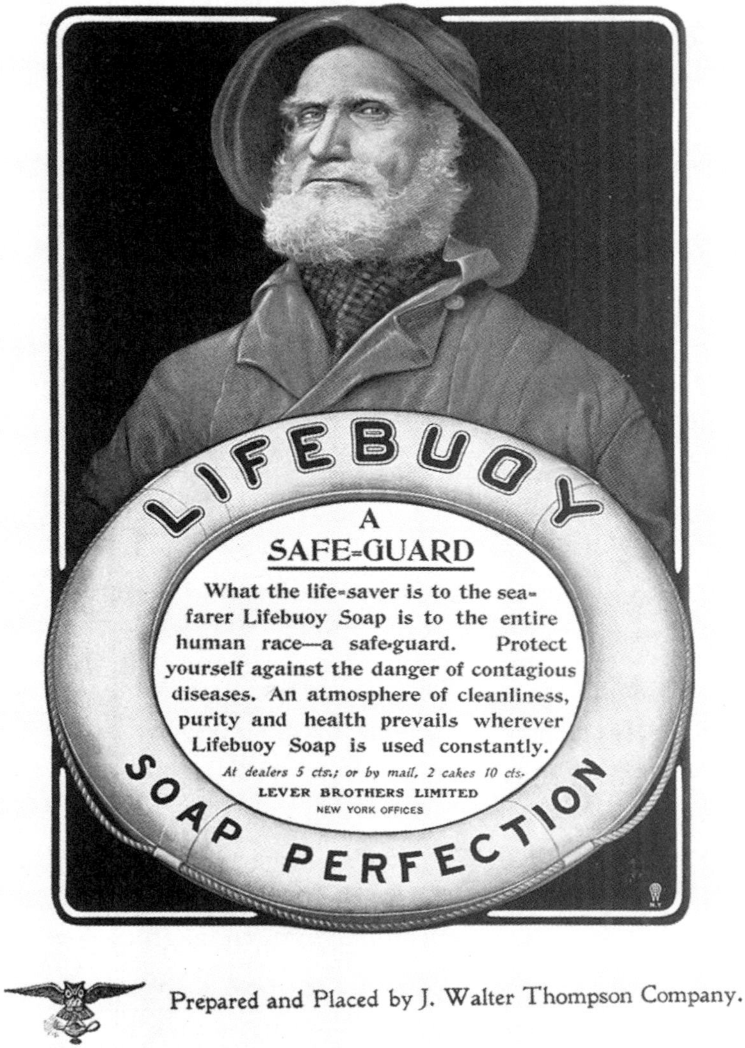
LIFEBUOY
A
SAFE=GUARD
What the life=saver is to the sea=farer Lifebuoy Soap is to the entire human race—a safe=guard. Protect yourself against the danger of contagious diseases. An atmosphere of cleanliness, purity and health prevails wherever Lifebuoy Soap is used constantly.
At dealers 5 cts.; or by mail, 2 cakes 10 cts.
LEVER BROTHERS LIMITED
NEW YORK OFFICES
SOAP PERFECTION
Prepared and Placed by J. Walter Thompson Company.

Size:
Weight:
PRICE, $25.00.
Size of Picture:
ONE-HALF LENGTH.
THE KODAK CAMERA.
ANYBODY who can wind a watch can use the Kodak Camera. It is a magazine camera, and will make one hundred pictures without reloading. The operation of taking the picture is simply to point the camera and press a button. The picture is taken instantaneously on a strip of sensitive film, which is moved into position by turning a key.
A DIVISION OF LABOR. After the one hundred pictures have been taken, the strip of film (which is wound on a spool) may be removed, and sent by mail to the factory to have the pictures finished. Any amateur can finish his own pictures, and any number of duplicates can be made of each picture. A spool of film to reload the camera for one hundred pictures costs only two dollars.
No tripod is required, no focusing, no adjustment whatever. Rapid rectilinear lens. The Kodak will photograph anything, still or moving, indoors or out.
A PICTURESQUE DIARY of your trip to Europe, to the mountains, or the sea-shore, may be obtained without trouble with a Kodak Camera, that will be worth a hundred times its cost in after years.
A BEAUTIFUL INSTRUMENT is the Kodak, covered with dark Turkey morocco, nickel and lacquered brass trimmings, enclosed in a neat sole leather carrying case with shoulder-strap—about the size of a large field-glass.
Send for a copy of the KODAK PRIMER with Kodak photograph.
THE EASTMAN DRY PLATE AND FILM CO.,
Branch: 115 Oxford St., London.
ROCHESTER, N. Y.

meira Guerra, tínhamos cinco agências funcionando em São Paulo: a Eclética, a Pettinati, a Edanée, a de Valentim Harris, e a de Pedro Didier e Antonio Vaudagnoti, além da Sociedade Carioca de Propaganda, de 1915, no Rio de Janeiro.

Alguns autores, contudo, indicam a Empresa de Publicidade e Comércio, surgida em 22 de abril de 1891, também em São Paulo, como a precursora, por já se ocupar de textos, da produção e da veiculação, num aparente formato moderno. Isso, no entanto, é contestado por gente de respaldo, como o próprio Julio Cosi, Ricardo Ramos e Juarez Bahia.

Já um dos primeiros publicitários daqui da terrinha foi Julião Machado, que escrevia e ilustrava seus anúncios.

Em 1910, um anunciante é guindado ao estrelato, ao receber, num editorial de uma revista da época, a alcunha de "Homem-reclame". Era João Lyra, responsável pela publicidade da Daudt & Lagunilla, introdutora da linha de medicamentos A Saúde da Mulher e do ainda hoje conhecido Bromil. (VER FIGURA 23, p. 157.)

João Lyra atraiu para a publicidade os ilustradores Arthur Lucas, Luis Peixoto, K. Listo, Raul e Vasco Lima. E, para o texto, Olavo Bilac, Emilio de Menezes, Hermes Fontes e Basilio Viana. Por outras vias, tiveram passagens na publicidade Menotti Del Picchia, Guilherme de Almeida, Orígenes Lessa e Afonso Schmidt. Na ilustração, Belmonte, Moura, Vicente Caruso, entre outros.

Em 1928, instala-se no Brasil o Departamento de Propaganda da General Motors. Trouxe profissionalismo, *know-how*, e acabou atraindo, em 1929, 1931 e 1935, respectivamente, a J. W. Thompson, a N. W. Ayer (já citada) e a McCann Erickson. Iniciava-se a fase "séria" da publicidade.

Para tôdas as nossas Mamães... Presentes Walita
Mamãe ficará realmente comovida com esta lembrança. Ela sabe que os aparelhos da Familia Walita são companheiros inseparaveis do confôrto doméstico, úteis todos os dias... por muitos e muitos anos. E V. já imaginou como mamãe vai ficar contente? Será um dia inesquecivel para ela.
Liquidificador Walita — Perfeição Absoluta ● Batedeira de Bolos Walita ● Aspirador de Pó Walita ● Enceradeira Walita — modêlo maXimo ● Ferro Elétrico Automático Walita... e também: Exaustor, Ventilador Picolino, Centrifuga, Misturador de Massas, Enceradeira Walita de 3 escôvas.
Produtos da ELETRO-INDÚSTRIA WALITA S. A. — SÃO PAULO
Filiais: Rio de Janeiro — Pôrto Alegre — Recife — Curitiba — Belo Horizonte
À VENDA COM GRANDES FACILIDADES NO SEU REVENDEDOR WALITA

Tenho 50 annos
fumo ha mais de 30 e vejam como meus dentes são brancos!
Odol combinado com a
Pasta Odol
Odol
ODOL

3
NOVAS GELADEIRAS
VÊZES MAIS BELEZA
VÊZES MAIS COMODIDADE
GELADEIRA COMEÇA COM G-E
GENERAL ELECTRIC

2 veículos num só — elegante carro e robusto veículo utilitário. — NÔVO CHEVROLET 3 PORTAS! Ótimo para sitiantes, fazendeiros, comerciantes, pessoas que precisam de um veículo para serviços auxiliares! E que gostarão ainda mais do 3 PORTAS por ser tão confortável e prático! Ideal para férias e passeios. Tem o confôrto de um automóvel grande: 3 portas, cabina dupla, bancos para 6 pessoas e molejo macio. A família viaja com tôda a comodidade... e com segurança, protegida por estável chassi e freios de ação instantânea! Elegante à noite. V. se sente à vontade levando a família ao cinema ou jantares — O NÔVO CHEVROLET 3 PORTAS tem linhas elegantes e fino acabamento. Utilíssimo no campo. Ampla caçamba com espaço para ferramentas, sementes, produtos agrícolas... Para transporte do pessoal: além de 6 pessoas na cabina ainda cabem várias outras na caçamba. Eficiente nas entregas urbanas. Transporta mais mercadorias por viagem: até 750 quilos de carga! Mais viagens por dia porque é veloz e de grande mobilidade no tráfego. Famoso Motor Chevrolet de 142 H.P. — potente e durável! De grande fôrça de torção, é tão poderoso como motores de mais H.P.! De baixa rotação: realiza os mais duros serviços sem dar tudo, o que reduz o desgaste! Com apenas 6 cilindros, funcionando a baixa rotação e contando com carburador dotado de purificador de ar a banho de óleo, consome tão pouca gasolina quanto veículos de menos H.P.! A melhor assistência técnica! Mais de 320 concessionários em todo o País garantem pronta reposição de peças, por mecânicos treinados na GM!
o veículo para tôdas as horas
Nôvo
CHEVROLET
3 PORTAS
PRODUTO DA
GENERAL MOTORS DO BRASIL S.A.
VISITE O CONCESSIONÁRIO CHEVROLET AUTORIZADO DE SUA CIDADE

Veio pesquisa, *marketing*, *copy strategy*, *layout*, *slogan*, *research*, e surgiram até os *media* (repescagem da palavra latina *medium*, plural *media*, via inglês, que se decalcou em mídia). E vieram os grandes clientes, ensinando o que havia de mais novo no universo da publicidade.

Até os anos 1950, a grande figura das agências ainda era o executivo de contas. Hábito ou herança de um passado recente, ele determinava os caminhos da comunicação do produto, mas quase sempre de forma empírica, sem grandes estudos e sem muito conhecimento do mercado do anunciante. Por volta dessa década, vão surgir respostas muito positivas da pesquisa de mercado, do *marketing* (que se estrutura antes do final dos anos 1960), e mesmo na área criativa surgirão novidades: é dessa época que vem a transformação do ilustrador em diretor de arte, dividindo com o redator as responsabilidades quanto à definição das peças a serem publicadas. Era o fim de um antagonismo e o reconhecimento do que já estava acontecendo: a valorização dos aspectos visuais de uma peça publicitária.

Com o advento da publicidade criativa, fortemente ligada à atuação da DDB, o setor de criação vai se tornar um grande diferencial a ser respeitado.

Um dos anúncios mais famosos do mundo foi realizado pela DDB, nos Estados Unidos, na década de 1960, e tinha como título: *Think small*. Não era uma frase extensa, que dissesse: "Se você pretende comprar um veículo automotivo e está em dúvida, pense num veículo de menores dimensões, porque isso demonstra inteligência e raciocínio". Dizia apenas: *Think small* (Pense pequeno).

Foi, talvez, a primeira mensagem criativa de larga penetração que a publicidade enviou ao mundo. Ali estava uma das primeiras sementes da

Lemon.
This Volkswagen missed the boat.
The chrome strip on the glove compartment is blemished and must be replaced. Chances are you wouldn't have noticed it; Inspector Kurt Kroner did.
There are 3,389 men at our Wolfsburg factory with only one job: to inspect Volkswagens at each stage of production. (3000 Volkswagens are produced daily; there are more inspectors than cars.)
Every shock absorber is tested (spot checking won't do), every windshield is scanned. VWs have been rejected for surface scratches barely visible to the eye.
Final inspection is really something! VW inspectors run each car off the line onto the Funktionsprüfstand (car test stand), tote up 189 check points, gun ahead to the automatic brake stand, and say "no" to one VW out of fifty.
This preoccupation with detail means the VW lasts longer and requires less maintenance, by and large, than other cars. (It also means a used VW depreciates less than any other car.)
We pluck the lemons; you get the plums.

Think small.
Our little car isn't so much of a novelty any more.
A couple of dozen college kids don't try to squeeze inside it.
The guy at the gas station doesn't ask where the gas goes.
Nobody even stares at our shape.
In fact, some people who drive our little flivver don't even think 32 miles to the gallon is going any great guns.
Or using five pints of oil instead of five quarts.
Or never needing anti-freeze.
Or racking up 40,000 miles on a set of tires.
That's because once you get used to some of our economies, you don't even think about them any more.
Except when you squeeze into a small parking spot. Or renew your small insurance. Or pay a small repair bill. Or trade in your old VW for a new one.
Think it over.

comunicação moderna, caracterizada por uma certa não linearidade. Ali estava o início de uma revolução na linguagem.

Segundo Alex Periscinoto, a agência DDB de Nova York teve de brigar muito para conseguir que o cliente apoiasse aquela ousadia. E o anúncio, que hoje é, indubitavelmente o mais lembrado da história da publicidade, foi severamente criticado por seus contemporâneos.

Isso não impediu o desenvolvimento dessa modalidade de linguagem, chegando de forma absoluta até nossos dias, trazendo a participação do consumidor e seu envolvimento.

É o caso dos anúncios da Benetton, que não explicam seus produtos, não utilizam sequer frases ou textos elucidativos, e, no entanto, imprimem à marca um dinamismo e uma sinergia sem precedentes. (VER FIGURAS 24, 25, 26 E 27, pp. 158-161.)

Há uma grande safra de anúncios norte-americanos da década de 1950 que vai influenciar fortemente a realização de anúncios no mundo todo.

No Brasil, tivemos grandes histórias e momentos, já contados por diversos autores. Mas vale lembrar Monteiro Lobato e seu Jeca-Tatuzinho; a quadrinha *Veja, ilustre passageiro / o belo tipo fagueiro / que o senhor tem ao seu lado / no entanto, acredite, / quase morreu de bronquite / salvou-o o "Rhum Creosotado"*; o surgimento da Sears, no Paraíso, em São Paulo; o pioneirismo da Mesbla e do Mappin; as agências Standard, Denison, Norton, a Salles, a Proeme, a Artplan, a MPM, a Alcântara Machado (depois ALMAP), a revolução da DPZ, a W/Brasil, a Fischer & Justus; e a Young & Rubicam, entre tantas e tantas e tantas que surgiram, enriquecendo nossa história.

A década de 1970 vai trazer ao Brasil um arrocho político sem precedentes, uma explosão no setor de comunicações e um destaque inesperado

Come to
where the
flavor is.
Come to
Marlboro
Country.
Marlboro

For those of you interested in performance and durability events:
For those of you who couldn't care less:
On April 25, Volvo won the Canadian Shell 4000. It's called the 4000 because that's how long it is - 4000 miles of mountains and prairies and dust and gravel and mud and hardtop.
There are four major win categories in the Shell 4000. Volvo won all four. No car in history has ever done that before.
Volvos competed against Falcons, Valiants, Chevy II's, Triumphs, Volkswagens, a Ford, a Pontiac GTO, a Thunderbird and a Porsche among others.
10 Volvos started. 10 Volvos finished. Not one of the team Volvos lost a minute because of mechanical failure. Not one had a part replaced. Not even the Volvo that rolled over in the first 500 miles but continued on to finish.
If you own a Volvo all this isn't much of a surprise is it?
Volvo gets over 25 miles to the gallon under normal driving conditions.

à publicidade brasileira, que principia seu caminho de reconhecimento, perante os demais países produtores, nessa forma de atividade. Ainda é um tempo romântico, embora a base da publicidade "de resultados" já esteja assentada tanto nas agências quanto nos anunciantes. Os anos seguintes seriam marcados pela profissionalização em moldes mundiais, com uma significativa presença em festivais internacionais e o reconhecimento da excelência criativa brasileira.

Obviamente o computador veio refinar a produção de anúncios, e o conhecimento, cada vez maior, das técnicas de sedução e informação veio redesenhar novamente o setor.

Mas é com esse passado rico e variado, hoje globalizado, que a publicidade se desenvolve, aproveitando a herança mórbida da persuasão nazista, o engano da transmissão radiofônica, a afirmação dos Estados Unidos como nação líder do mundo ocidental, e o papel de financiar a cultura eletrônica de massa, como já o fizera com a cultura impressa.

Sob desconfiança, mas tolerada; chamada de amoral, mas no papel de mecenas; inimiga dos velhos tempos, mas representando a modernidade; rebelde e curiosamente emancipada pela pop art.

Mecanismos da sedução

A partir das primeiras décadas do século XVIII, cartazes, embalagens, cartões e, em seguida, classificados vão anunciar uns poucos produtos e serviços.

Os classificados surgem como mídia privilegiada, anunciando escravos, serviços, hospedarias e estabelecimentos comerciais. O jornal torna-se o veículo de mais ampla penetração de então.

Com o século XIX, vêm as revistas, e os anúncios ganham características mais vibrantes. Cores, ilustrações inspiradas em Paris, ideias modernas, sátiras políticas.

Lá pelos idos do século passado, os primeiros reclames eram discretos e informativos, traziam em destaque os nomes dos anunciantes e imagens que procuravam reproduzir os produtos anunciados.

A tônica é de divulgação, não de persuasão. Já se apela para o imaginário do cidadão comum, mas ainda não se abre mão do nome do anunciante, da exposição de produtos, da divulgação de benefícios. A maior liberdade tomada é uma ilustração "artística", nem sempre relacionada com o próprio anunciante. É uma espécie de adaptação de um quadro ou uma pintura. Veja o caso da cerveja Antarctica, que ilustra uma de suas peças com figuras típicas do imaginário da época, mas que hoje seriam impiedosamente criticadas por seu caráter racista.

Nada ainda que permita adivinhar nossos dias.

Um dos clássicos da publicidade brasileira, surgido na década de 1910, demonstra a importância da ilustração, num dos raros momentos desse início de século no qual a imagem chega realmente a representar um apelo ou uma argumentação. É o caso do já citado Xarope São João. É uma mensagem marcante, que transmite o desespero que o produto afirma resolver.

Mas é quase uma exceção.

Após a depressão, causada pelo *crash* de 1929, o mundo vai se preparando para o desastre da Segunda Guerra, com o surgimento de movimentos populares, a transposição da euforia com as máquinas e tecnologia chegando às massas, e uma iniludível vontade de buscar outra camada social que não a constituída por dirigentes, nobreza e clero. A comuni-

cação, como um todo, sentirá, de forma definitiva, alterações que vão marcar e definir as relações entre as mídias e o público. E a publicidade, que já então se avolumava com o rádio, acompanha o clima geral. (VER FIGURA 28, p. 162.)

A publicidade juntou artistas. Durante as primeiras décadas do século XX, colocou a arte do texto, ilustradores inspirados e ideias inovadoras a serviço da divulgação e venda de produtos novos, surgidos em função de uma nova maneira de estruturar o mundo: o consumo.

A publicidade vai tentar estabelecer um contato mais direto com sua audiência. E vai criar um caminho exclusivamente seu, distante das literaturas e artes oficiais, ilustrando, cantando e falando de coisas do cotidiano.

Sem sombra de dúvida, a publicidade usou a chamada "baixa cultura" para divulgar suas mensagens. Apontando em direção oposta à da arte em geral – que buscava "elevar" seus temas e seus ideais, elitizando mensagens –, ela buscou na sabedoria popular, no cotidiano das pessoas comuns, a inspiração para se aproximar delas.

E as pessoas começam a se acostumar com as mensagens comerciais, com as montagens cinematográficas, com os cortes, os *fade in* e os *fade out*. Nos anúncios de rádio, os versinhos e as rimas:

> Óh, meu amigo,
> por favor me mande
> umas camisinhas
> da Camisaria Grande.[21]

[21] *Ibid.*, p. 177.

Ou então nos *slogans*, que vão popularizar-se, constituindo-se nas primeiras manifestações dessa nova modalidade de linguagem que é a publicidade: "É mais fácil um burro voar, que a Esquina da Sorte falhar!"; ou, então, "Tomo Urudonal, e vivo contente!".[22]

Os *slogans*, popularizados, criam marcas que atingem todos os setores da comunicação. É o caso daqueles que marcaram época, criados para o *Repórter Esso*: "Testemunha ocular da história"; "O primeiro a dar as últimas".[23]

Em fins da década de 1940, o texto para vender a pasta dental Kolynos é: "Nunca é cedo, nem tarde demais, para começar a escovar os seus dentes com Kolynos...".[24] Os títulos aqui ainda procuram uma certa graça, quase despreocupados com a venda em si. É a juventude da publicidade.

Mais adiante, a empresa diz: "Encantador e irradiante saúde... é o sorriso da Kolynos-ista! Guerra às cáries! Somente Kolynos as combate destes 3 modos...".[25] É uma mensagem que procura criar atrativos diferenciais do produto. De fato, na história da publicidade, durante algum tempo convivemos com a criação de elementos quase mágicos, que garantiriam o diferencial. Ingredientes secretos, fórmulas exclusivas, testes marcantes e associações mirabolantes.

No anúncio, a promessa é feita pela ilustração de uma modelo (nos moldes de então), que, à semelhança de Rita Hayworth, dá o aval: "Kolynos limpa e dá brilho aos dentes"; e, mais acima, o lembrete: "auxilie o dentista a proteger seus dentes". Aqui, um testemunho de apelo claro e

---

22 Ricardo Ramos, *Do reclame à comunicação* (São Paulo: Atual, 1985), p. 57.

23 *Ibid.*, p. 55.

24 *Ibid.*, p. 58.

25 *Ibid.*, p. 66.

evidente, que vende o benefício do produto e faz média com os profissionais do setor.

No início da década de 1950, a Kolynos finalmente resume e anuncia: "Ah!... gente dinâmica prefere Kolynos".[26] Surge agora um valor diferencial do produto, expresso não em fórmulas bizarras nem na explicitação dos benefícios tradicionais; é um diferencial semântico, que traz – em sua enorme significância e em seu pequeno tamanho – tanto o benefício quanto a demonstração do produto em ação. (VER FIGURAS 29, 30 E 31, p. 163.)

O benefício está na confiança e na saúde, embora nada disso seja citado. A demonstração está na expulsão de ar que a leitura do anúncio exige, coisa que só pode ser feita por quem realmente está com o hálito "puro"!

O anúncio chama a atenção por não referir-se a um ingrediente secreto qualquer, ou à cárie, ao mau hálito, etc.

Era um título diferente, que fugia da mesmice do setor, e trazia aquele: "Ah!...", tão curto, refrescante, eloquente. Posteriormente, a frase que acompanha a interjeição era mudada de quando em quando, mas a fórmula sobreviveu até a compra da marca por outro fabricante, na década de 1990.

Preocupada com a aceitação pelo público e com a compreensão imediata de suas mensagens, a publicidade sempre expressou, ou procurou expressar, o linguajar das ruas, sem ser verdadeiramente vulgar.

Quanto mais curta a mensagem, menor a possibilidade de dispersão e ruído, maiores as chances de ela chegar ao receptor. Se todos conhecem a gíria, melhor para o significado, que não se perde. E dá-lhe gíria nos anúncios, nos programas de rádio, na comunicação como um todo.

---

[26] *Ibid.*, p. 69.

Se é verdade que a publicidade ganhou o direito de usar gírias, expressões e ditados conhecidos para levar suas mensagens, também é verdade que isso se popularizou aceleradamente com a cultura de massa. E o rádio criou seu alfabeto e sua sintaxe. E a televisão também se aproveitou da chance para criar seu próprio alfabeto, sua combinação com o público, sua gíria secreta.

Nos nossos tempos, somos cúmplices e parceiros dos anúncios, primeiramente alimentando as agências com o nosso linguajar, para, posteriormente, nos alimentarmos de anúncios e seus anunciantes.

Nisso as novas mídias artísticas são imbatíveis. Elas realizam nossos sonhos de forma tão real, vívida e cheia de detalhes, que mesmo nossa imaginação parece inferiorizada. E usamos tudo o que a publicidade nos traz de novo para nos aproximarmos uns dos outros, nos "enturmarmos".

As coisas ganharam novos sentidos, e a aparência delas foi glamorizada para se apresentar melhor.

O anúncio do Quinado Constantino é representativo de uma espécie de elo perdido nesse processo: um jovem bem apessoado, segurando displicentemente uma raquete de tênis, cercado por belas e elegantes mulheres, numa atmosfera esvoaçante e risonha, toma um cálice do quinado. A bebida é servida por ninguém menos que uma enfermeira, que, sem nada dizer, atesta as qualidades "medicinais" referidas no texto.

Esse "sem nada dizer" é que denuncia a combinação entre o público e os produtores. É uma espécie de acordo tácito entre as partes, que evoluirá até, às vezes, abandonar o real sentido do que se diz.

Os anos do pós-Segunda Guerra trouxeram a americanização do mundo, a materialização da sociedade de consumo, os eletrodomésticos, os carros e a neurose urbana. Na comunicação, trouxeram a informalidade como padrão, a liberdade de experimentação como desafio, e muita, muita, muita competência técnica.

Tomemos outro "elo perdido" como exemplo: a promessa do texto é falar de férias. O título substitui alguma frase mais completa que bem poderia ser: "Você está saindo de férias com sua família e deseja descontração, conforto e informalidade sem perder a elegância? Tudo isso a um preço reduzido?! Compre Alpargatas Roda e sinta-se feliz e satisfeito contando com a aprovação de seus entes queridos". (VER FIGURA 32, p. 164.)

A simples palavra *férias* não seria suficiente. Mas, adicionada a um *lay-out* que contém todos os outros ingredientes, pode-se comprimir a mensagem.

É do novo que a surpresa se alimenta. É da inovação que se faz a publicidade.

E a grande inovação dos anos 1950 vai chamar-se televisão.

A televisão introduziu mudanças colossais nos hábitos de vida de nossa sociedade.

Durante a Guerra Fria, o Brasil precisou definir rumos mais claros para sua política externa. E a publicidade servia aos interesses de uma facção – assim como a pop art não desservia essa mesma facção, desviando os olhares da arte entristecida e engajada, colorindo as ruas marcadas pela guerrilha urbana.

Na década de 1970, as mensagens já associam atributos abstratos aos produtos, criando homens vencedores, produtos que trazem sucesso, fama e fortuna, e as tais promessas que jamais serão cumpridas. Ainda não estão presentes os aspectos limitadores da comunicação de hoje, introduzidos em função de uma nova moral e da ética de um código de conduta.

Nunca é demais lembrar que o processo de enraizamento da publicidade foi semelhante em outros países, apenas com datas diferentes. O advento do rádio, que no Brasil deslancharia a partir da década de 1930, nos Estados Unidos teve um *boom* na década de 1920. E também as características das mensagens aqui descritas foram feitas tomando por base o panorama geral. É claro que houve manifestações pioneiras, que anteciparam tendências.

Se os anos 1970 trazem a revolução de costumes, lá está a publicidade ajudando a divulgar e internalizar as "boas novas". Podemos então perceber a nudez como destaque, na esteira da revolução sexual, e o choque, como objetivo das peças publicitárias da Tergal.

As pessoas já leem as entrelinhas, já percebem o subtexto. Pode-se falar em "Tergalize-se" sem que o anunciante despeça a agência por incompetência em comunicar. O apelo está claro: "vista-se", "seja", "torne-se" Tergal.

É apenas uma questão de cumplicidade, entre público e anunciante, o desdobramento da frase, ou o conceito: "Sempre Coca-Cola". O que diria um contemporâneo de Machado de Assis diante de uma frase tão desprovida de significados evidentes?

É na repetição de *slogans* e na permanência na mídia, desde que aportou entre nós, que a Coca-Cola se apoia ao veicular uma frase sem verbo e, aparentemente, sem sentido. Mas é baseada no histórico dessa cumplicidade que nós entendemos: "sempre que puder", "sempre que quiser", "sempre que pensar", "sempre que desejar". Ou até mesmo: "sempre que desejar *algo*, peça Coca-Cola"!

E nós chegamos à contemporaneidade com a pop art inserida no cotidiano, a vertente *hippie* ultrapassada, a informalidade absolutamente conquistada e o mundo inteiro com um jeitão norte-americano.

Seja cruel.
Tergal é Tergal.
Os outros são os outros.
Tergal não amarrota, lava e seca ràpidamente, mantém os vincos.
Os outros...
Tergal é camisa, calça, confecção feminina e masculina, roupa para criança, gravata, cortina, lençol, impermeável, etc.
A diferença está na etiquêta.
Se você não vir nitidamente a etiquêta, desconfie.
Se finalmente lhe derem uma desculpa, ou quiserem lhe vender os outros, aplique a sugestão do título dêste anúncio.
Com a etiquêta de Tergal não se deve brincar
Tergal

A linguagem é tão cifrada e encapsulada que, às vezes, não se percebe o apelo mais evidente, que sabemos presente: a venda.

É comum, nos dias de hoje, a percepção e o entendimento de frases, imagens ou mensagens mais complexas que detêm uma enorme carga entrópica, com a eliminação de aspectos estruturais e com a introdução de um tipo de ruído. É, na verdade, a base da publicidade atual.

Isso, por sua vez, reforça o caráter de irrealidade que cerca a publicidade. Aqueles mais literais, ou mais aferrados à realidade, sofrem com a mudança de regras na comunicação. Sobrevém a decepção, ministrada em pequenas e homeopáticas doses, numa autovacina contra os efeitos exagerados da comunicação: as pessoas percebem a diferença entre falsidade e licença poética; entre o relatório meramente descritivo e a peça de sedução. Entre o que de fato se diz e o que se pretende dizer. (VER FIGURAS 33, 34 E 35, pp. 165-167.)

No processo de captação dessa magia, existe, de um lado, o aspecto real da venda ou do reforço da imagem de um serviço ou produto; e, de outro, o irreal, a fantasia, o desejo humano. É no que se apoia o ressentimento de quem não aceita a decepção do que não é factual.

São pessoas que ainda não se alfabetizaram adequadamente na linguagem condensada dos nossos dias. Argumentam, dentro de seus padrões, que houve um empobrecimento da linguagem, uma vulgarização do idioma, um esvaziamento de conteúdos. Resquícios, talvez, de um passado em que o imaginário geral tinha como ideal a nobreza e a alta cultura?!

Nada mais errado. Os sentidos foram ampliados de tal forma que os padrões anteriores não podem captar. Somou-se todo um mundo de possibilidades à mensagem, de maneira plebeia, generalizada e – por que não? – democrática.

A publicidade vendeu sonhos, produtos, ideias, hábitos e costumes. Agrediu privilégios e arrebentou grades de preconceitos. Por suas características de organização, foi buscar a linguagem das pessoas comuns; por sua necessidade de rentabilizar e custear a experimentação, aprendeu a condensar a linguagem.

Nós mudamos, e a linguagem também mudou. Mas ela segue alfabetizando, agregando e navegando...

A máquina do dia seguinte: tecnologias, sistemas, máquinas & usos[1]

A máquina da linguagem

É estranho perceber que existe por aí uma ideia de oposição entre tecnologia e arte. É uma vertente assustada com as novas possibilidades abertas pelo avanço das mídias e das mensagens.

---

1 Aqui, como todo curioso, vamos olhar para o futuro, e isso por meio de duas máquinas contemporâneas de grande significação em nossa sociedade: a da linguagem e a do consumo. A máquina da linguagem vai aproximar-se do hipertexto, do processamento de dados, da vida digital. Seguindo seu processo de experimentação, usa elementos externos à mensagem, aciona conhecimentos prévios do leitor, reduz demonstrações verbais usando de imagens, e abre os sentidos do texto, permitindo uma ampliação dos possíveis sentidos das mensagens. A máquina do consumo, por sua vez, molda a vida na Terra, gerando mudanças sociais, impulsionando um *modus vivendi* sem paralelo na existência humana, mastigando a evolução e devolvendo questões, dúvidas, perguntas, em novas e marcantes experiências socioeconomico-culturais. É difícil prever se essas máquinas vão estar no inventário do século XXI, ser estudadas ao seu final; mas, com certeza, merecem estudos mais precisos, menos passionais e mais comedidos. E, definitivamente, fazem parte das previsões de muitos pesquisadores neste início de século.

Tais seguidores ficariam à margem da história, queixando-se amargamente de mal compreenderem o mundo – para eles às avessas, por não ser mais o mesmo –, procurando preservar e resgatar valores de manutenção, nunca de ruptura.

Nossa sociedade tem mesmo receio – e os exemplos da mídia são eloquentes – de que as técnicas, máquinas e procedimentos superem nossa capacidade de apreensão e percepção da realidade, e terminem por nos tornar obsoletos.

Tomemos como exemplos filmes com histórias de invasões por culturas tecnologicamente superiores (*Guerra dos mundos*, revisitado em *Independence Day*); desenvolvimento indesejado de máquinas e inteligência artificial (*O exterminador do futuro*, em suas várias versões, e *2001, uma odisseia no espaço*, entre tantos outros); e até mesmo perda de domínio de tecnologia por nós desenvolvida e nosso aprisionamento por ela (*Robocop*).

Apesar dos pesadelos, autores de todas as eras apontam para o fato de que, mais que *alma*, o que diferencia o homem de seu estágio animal é a tecnologia.

Por acaso não chamamos de Pedra lascada (ou polida, etc.) o período de nossa infância social? Não marcamos nossas idades pela tecnologia de que dispomos, dividindo a humanidade entre períodos de produção artística e de avanços tecnológicos (a Imprensa, as Grandes Navegações, o Renascimento, a Era do Rádio, etc.)?

Não é significativo que, a qualquer criação tecnológica, estejamos sempre associando o mito do criador destruído? Ao primeiro anúncio de que tínhamos dado um pequeno passo, no domínio do processo de clonagem, levantaram-se centenas de vozes ameaçando a humanidade com as chamas do inferno, lugar para quem desafia "o criador". Bobagens, mistificação, superstição! Como o homem das cavernas, que adorava o sol, a lua, os ventos e tudo o que não compreendesse.

A tecnologia nos é benéfica, impulsiona a libertação do indivíduo, permite tempo disponível para a aventura humana, e é o caminho mais lógico, lúcido e real, tanto para o Nirvana dos religiosos, quanto para a justiça social dos materialistas.

Quando falamos de tecnologias, estamos falando de instrumentos da inteligência, que amplificam e alargam os poderes humanos. As tecnologias são manejadas por sistemas. Os sistemas aos quais me refiro são conjuntos de procedimentos e determinações que permitem gerenciar, de forma cada vez mais rápida e cada vez mais eficiente, ideias e pensamentos.

A linguagem é uma tecnologia, parte de um sistema: é um *software* da inteligência humana. Os usos podem ser censuráveis, como em nossa sociedade predadora, cruel, sanguinária e desigual: um universo de injustiças, favorecido pelo atraso.

Mas pode ser melhor, e nisso a tecnologia tem papel preponderante. Consta que o famoso padre Cícero, que teria operado milagres em Juazeiro, seria, na verdade, homem de algumas luzes, que implantou regras básicas de higiene, reduzindo a mortalidade. Magia e milagre? Não: informação e tecnologia.

Como a lança de pedra lascada, que, nos idos de ontem, nos permitiu o domínio sobre outras espécies; como a pintura rupestre, que nos auxiliou a dominar as técnicas de caça; como a imprensa de Gutenberg, que nos permitiu difundir o saber; como a Escola de Sagres, que nos permitiu o domínio dos mares por meio da tecnologia das rotas e embarcações – o computador veio catalisar os usos da linguagem e, reduzindo os lapsos temporais, acelerar o desenvolvimento de um mundo mais equânime. Ou, pelo menos, veio trazer condições para que isso se tornasse real, já que leva a informação a cada rincão de nosso planeta. E informação é a base da mudança.

A prensa de Gutenberg foi vital para a difusão dos livros e a consequente divulgação das mensagens, que, antes, só chegavam a poucos mandatários.

Percebamos, então, o alcance de milhares de pequenas prensas (com um tipógrafo responsável pela composição automática dos tipos vindo como anexo), e isso tudo sendo realizado de forma limpa, rápida e crescente. Estamos descrevendo a multiplicação dos microcomputadores em nossa sociedade. Que efeitos esse crescimento acelerado trará?

Agora imaginemos que todas essas pequenas gráficas tenham um sistema de ligação, que permita a comunicação permanente e contínua, inclusive com a troca de mensagens, ilustrações ou iluminuras, conteúdo de mensagens, etc. Acabamos de descrever a net.

Mais que máquinas e raciocínio binário, falamos de sistemas e usos. É Pierre Lévy quem nos fala dos usos:

> E os usos do computador constituem ainda conexões suplementares, estendendo mais longe o hipertexto, conectando-o a novos agenciamentos, reinventando assim o significado dos elementos conectados. O que é o uso? O prolongamento do caminho já traçado pelas interpretações precedentes, ou, pelo contrário, a construção de novos agenciamentos de sentido. Não há uso sem torção semântica inventiva, quer ela seja minúscula ou essencial.[2]

[2] Pierre Lévy, *Tecnologias da inteligência* (Rio de Janeiro: Editora 34, 1993), p. 58.

Qual será o resultado dessa acelerada multiplicação de informações e conhecimentos?

Eu diria que estamos a um passo de, em um punhado de anos, banir o obscurantismo. Talvez venhamos, muito em breve, estabelecer uma democracia *on-line* que funcione. Isso com certeza vai melhorar a vida humana.

A característica mais marcante da interatividade que a net permite é a possibilidade de diálogo. A antítese do obscurantismo, da prepotência e do absolutismo: o diálogo.

Capaz de disseminar informação como um vírus; capaz de contaminar toda a sociedade com arte, cultura, direitos humanos e responsabilidade. Capaz de produzir mudança. Não é esse o postulado básico da informação?

Quanto tempo será necessário até que consigamos gerenciar nossas ideias dentro do hipercórtex – um modelo de cérebro de dimensões físicas ampliadas e de sentidos multiplicados por todas as percepções individuais somadas – habilitando a humanidade a saltos qualitativos no caminho da equidade? "A internet é a infraestrutura crua de uma consciência emergente, um cérebro global. A net reforça o pensamento associativo, hipermediado, pensamento hiperlincado – o pensamento do artista. É a inteligência das redes neurais. Isso é o que eu chamo de hipercórtex."[3]

O que fica evidente é que as mensagens interativas têm tudo para representar o futuro mais imediato de toda a comunicação.

3 Roy Ascott, "Cultivando o hipercórtex", em Diana Domingues (org.), *A arte no século XXI* (São Paulo: Editora da Unesp, 1997), p. 337.

A publicidade procurou a sintonia com o usuário/consumidor. E acertou na mosca sempre que se antecipou aos desejos do outro. Instituiu a pesquisa como instrumento válido; e buscou seduzir, sabendo onde estava tocando, porque já havia perguntado onde tocar.

Mas não era exatamente um diálogo, já que partia do desejo permanente de agradar. E o ser humano, nós sabemos, não deseja agradar sempre, ou nem sempre.

Dos abusos de técnicas de venda agressivas surgiu a reação; da evolução natural do comportamento humano no século surgiram o *marketing* e a sedução. Dos abusos da sedução, surgiram códigos de autorregulamentação e estatutos de defesa do consumidor plenamente aceitos. Uma interpassividade, por assim dizer.

Nem melhor, nem pior que a democracia, que, num agrupamento de poucos indivíduos, era muito "bacaninha como sistema", mas que não conseguiu produzir respostas adequadas em grandes comunidades (embora ainda seja – de longe – o melhor método de se administrar uma sociedade!).

Agora, quando as linhas de produção podem ser ajustadas em computador para, sem perda de tempo, cortar calças diferentes umas da outras; quando se pode "personalizar" uma mensagem para cada destinatário: agora temos tecnologia para escutar todos, em tempo real e de forma expressa, com a certeza de estarmos consultando a maioria.

Isso é diálogo. Isso é interatividade.

O paradigma do hipertexto

Desde 1946, *hipertexto* está conceituado como estrutura nodal, não linear, acessável por todas as partes, sem início nem fim. Surgiu das ideias de

Vannevar Bush, publicadas em artigo intitulado "As We May Think",[4] no qual o autor descrevia o raciocínio humano como sendo acionado por associações que percorriam trilhas desconexas de representações, e não uma estrutura hierarquizada de palavras classificadas em organogramas conceituais.

Sua materialização começou a tomar forma quando o Departamento de Defesa dos Estados Unidos investiu milhões de dólares no projeto de um sistema de comunicações que permitisse a continuidade de sua operação, no caso de um colapso nuclear (o pesadelo da humanidade nos anos 1960 e 1970).

A net, por assim dizer, surgiu nodal; afinal, ela não poderia ter centro.

Quando assistimos a programas de televisão que querem saber nossas opiniões para finalizar a história, ou que escolhamos o programa do dia seguinte, estamos percebendo as alterações em nosso cotidiano. Não é necessário ser estudioso do assunto para perceber que a realidade já está permeada pelo virtual, encharcada pelo hipertexto e seduzida pela cumplicidade entre emissor e receptor, público e anunciante, espectador e produtor.

A aceitação da informalidade, a libertação dos moldes assumidos por um ser social que era uma média estatística e não era ninguém, o requebro de cadeira que pegamos de Elvis, tudo isso nos permitiu a criação de um novo paradigma humano, composto do caos, base de todos os mitos da criação.

Essa estrutura fluídica, imaterial e atemporal – que, daqui por diante, vai permear a vida – é um tecido de possibilidades infinitas, materiali-

4 Vannevar Bush, "As We May Think", em *The Atlantic Monthly*, julho de 1945, disponível em http://www.theatlantic.com/doc/194507/bush.

zado em planos que se entrecruzam, ou no uso de intrincados jogos de planos, cores e elementos digitais. Qualquer vinheta de televisão mostra isso. Qualquer anúncio de tecnologia. Qualquer criança de nossos dias traz isso impresso em suas cabecinhas borbulhantes de possibilidades.

Desse tecido sairão, num futuro possível, os signos de nossas falas, nossos discursos, nossos momentos – dos mais simples aos mais especiais – permanentemente disponíveis em algum não lugar de nosso mundo.

Do paradigma dos novos tempos – no hipertexto de nossas intenções, esse cruzamento relacional fisicamente inexistente, mas virtualmente imprescindível – sairá o amanhã.

A máquina do consumo

A tecnologia certamente alterou a linguagem, para que desse conta de novos parâmetros de raciocínio e de pensamento.

Mas, se o palco das experimentações é o universo dos signos, mais notadamente isso surge no cenário da comunicação comercial. A comunicação comercial busca resultados, e imediatos. Ela se faz numa equação de custo *versus* benefício, buscando formas sintéticas, resumidas e de alto impacto.

E o que dizer das alterações de mercado, criadas a partir de novidades no consumo, decorrência natural de novos sistemas de compra e venda?

Por exemplo, o autosserviço. Surgido em meados do século XX, vai trazer um diferencial importante nas formas de relacionamento entre produto e consumidor. Já não contamos mais com a autorização e o aval de um ser humano que, mesmo movido por interesses comerciais, estabelece e mantém um vínculo de companheirismo e solidariedade conosco.

A televisão cria uma nova forma de comunicar vantagens de produtos, adotando um formato curto e enxuto, que, cada vez mais, tende a aproximar-se do entretenimento.

A diferenciação de público, com a consequente possibilidade de obter mais precisão na comunicação, vai gerar ações de menor alcance, mas com mais resultados.

Desses aspectos surgidos nos últimos cinquenta anos, alguns merecem destaque e consideração, por influenciarem de forma significativa a atividade da publicidade. Obviamente, os aqui citados não constituem um relatório definitivo, nem esgotam o assunto, mas, no período que atravessamos, saltam aos olhos:

✱ SEGMENTAÇÃO

A questão da segmentação dificilmente poderia ser imaginada no início da produção em massa. Tudo era voltado para todos, não existia outra diferença entre os seres senão a de estabelecer quem tinha, e quem não tinha, o produto fabricado. No entanto, a produção cresceu, a concorrência apareceu, e tipos diferentes de consumidor foram como que brotando. À medida que apareciam novos fabricantes do mesmo tipo de produto, surgiam diferentes consumidores, dispostos a adquiri-lo.

No campo da comunicação, muita dor de cabeça foi causada pelo estudo dos movimentos sociais, influenciados pelo fenômeno da massa. O receio de haver uma perda da individualidade foi retratado em diversos livros, filmes e trabalhos de arte.

As ideias da aldeia global, de McLuhan, prenunciaram uma era que não aconteceu, visto que as especificidades regionais ganharam força e alteraram, mesmo que sutilmente, as características de cada produto.

E o fenômeno estava longe de se esgotar, criando raízes mais profundas, e alterações mais significativas. Um mesmo povo, de uma mesma região, tinha preferências distintas. E mais: um mesmo homem, em horários diferentes, cultivava hábitos inimagináveis ao seu avô ou ao próprio pai.

Isso fez com que a comunicação não se dirigisse mais aos modelos padronizados do passado, mas a pessoas multifacetadas, com interesses diversos, hábitos que incluíam necessidades individuais e independentes de grupos de apoio.

A publicidade precisou de instrumentos mais precisos, de tiros mais certeiros, de estudos mais aprofundados.

É assim nos dias de hoje: cada consumidor tem seu perfil, pode ser classificado em grupos diversos segundo seus hábitos, e pode realizar tarefas que seus pares não realizam. Some de vista a visão de grupo, e entra em cena a visão de indivíduo.

✱ POSICIONAMENTO

Como falar com indivíduos que não se comportam de forma previsível?! Posicionando a empresa ou o produto.

Al Ries e Jack Trout, numa série de artigos escrita em 1972 para a revista *Advertising Age*, lançam o lema de um movimento que marcaria época na publicidade a partir de então: posicionamento.

No entender de ambos, posicionamento é encontrar um espaço na mente do consumidor, simplificando mensagens. “O posicionamento da marca é aquilo que os publicitários querem que a marca represente no mercado e na mente do consumidor. Em geral, o posicionamento da marca compreende e canaliza a essência da mitologia global da marca."[5]

Em que pesem alguns exageros ou desvios (que evito comentar), a ideia em si é revigorante.

O conceito já vinha sendo aplicado por diversas empresas e era, sem dúvida, um passo natural no desenvolvimento da publicidade. Mas o fato que nos fica é que, na mente do consumidor, depois de anos e anos de concorrência, é necessário marcar presença de forma consistente, ganhar confiança, estabelecer um vínculo maior do que o de produtor-comprador. É necessário que as empresas ou produtos tenham uma espécie de personalidade com a qual o consumidor se relacione, uma "alma" da marca.

Depois de anos de diálogo, ficou claro para todos que o consumidor não quer ser tratado como o dono do dinheiro, e sim como um ser humano complexo e variado, com planos, ideias, valores e desejos. Quer ser respeitado em seus desejos, e não logrado na materialização destes.

Se a publicidade não tem o poder de mudar mentes, tem, certamente, o de comunicar, com clareza, uma ideia que se esconda por trás de um produto. Volkswagen: você conhece, você confia... – é mais do que apenas um *slogan* de vendas: é um vínculo de parceria, é um elo de amizade. É um compromisso público para deixar claro que você está diante de um conjunto de posturas que serão norteadas pela confiança. Isso exige mudanças radicais no pensamento das empresas, já que assumir compromissos é muito mais sério do que apenas vender.

[5] Sal Randazo, *A criação dos mitos na publicidade* (Rio de Janeiro: Rocco, 1997), p. 47.

✱ INTERATIVIDADE

Foram-se os tempos de autoritarismo no mundo, especialmente no mercado. Uma vez que exista mais de um fabricante do mesmo produto, o público tem o direito de escolher, e faz isso muito bem. É claro que as tecnologias de comunicação, por meio da publicidade e suas vertentes, vêm ajudar o momento e apoiar o diálogo. As respostas passaram a fazer parte inerente do processo de informação, mesmo com grandes contingentes de pessoas; e resposta gera mudança. A bem da verdade, a informação pressupõe resposta, e mudança é a maneira mais simples de saber se houve, ou não, informação no processo.

Mas o século XX, que começou com a frase de Ford, "desde que seja preto!",[6] chegou a um nível de interação importantíssimo.

Hoje somos consultados para tudo, somos questionados, somos interrogados. E a produção já não se faz sem nossa vontade expressa nos produtos, sem nossas cores, sem nossas formas, sem nossos desejos.

Aumenta a responsabilidade do condutor do processo de comunicação; estamos na era do compromisso.

Ao que tudo indica, a sociedade aceitou o jogo do consumo, desde que feito com responsabilidade. E isso é novo no panorama da humanidade: a mistura entre dinheiro e responsabilidade para com a sociedade.

✱ IMAGEM *VERSUS* VENDA

Se a publicidade surge com a missão explícita de apoiar a venda de produtos ou serviços, nem por isso seguirá sem alterações. Em tempos de

---

[6] Conta-se que, entrevistado sobre a falta de opção do consumidor na escolha de cores de seus veículos, todos pretos, Ford teria respondido: "O consumidor pode escolher qualquer cor de veículo que desejar... desde que seja preto!".

ideias expressas em conceitos, em tempos em que o posicionamento e o compromisso são importantes, respondendo pela responsabilidade de uma empresa na sociedade, a imagem de tais empresas ganha uma importância gigantesca.

As pessoas têm dezenas de fabricantes do mesmo tipo de produto, e precisam diferenciá-los. E eu compro com mais facilidade um artigo de um amigo do que de um desconhecido. Então, entre um estranho que tenta me vender um produto e um estranho que tenta me explicar por que é que o seu produto pode me servir, eu fico com o segundo. Ele me parece mais confiável, resolve melhor meus problemas, soluciona questões. E não parece tão afoito em realizar a venda. Depois que comprei pela primeira vez desse estranho, sempre comprarei dele, até que surja alguém que inspire mais confiança. De novo a confiança!

Então, o reconhecimento do vendedor passa a ser importante na decisão de compra. E a venda se volta para esse reconhecimento, essa confiança.

No mercado, entre grandes organizações, a maneira de destacar uma empresa de outra é assinar o produto de forma reconhecível e clara. Tal assinatura ganha estudos e atenção, para que o consumidor perceba com clareza o nome de quem fabrica. Então as vendas deixam fazer-se com o sentido único de faturamento e passam a ser feitas com o sentido de prestação de serviços. Servir o consumidor, resolver suas questões, escutar suas queixas, e devolver ou trocar produtos defeituosos, a fim de gerar confiança.

Os anúncios ganham a característica de entretenimento, abordam a venda de forma sutil, quase nem parecem parte do processo de venda.

E isso altera, de forma definitiva, a publicidade.

Hoje – e no futuro também, ainda com mais importância –, a publicidade vai trabalhar a imagem de marca, procurando conquistar a confiança do público. Isso acontecerá em detrimento da venda propriamente dita, que já se tornou um processo, que inclui o aconselhamento, o apoio à decisão de compra, a assistência no pós-venda, etc.

✱ MULTIPLICAÇÃO DE MÍDIAS E SISTEMAS

Se os esforços em publicidade no início do século XX nos parecem agora um pouco caóticos e até pueris, é porque muita coisa mudou em cem anos!

As agências foram se profissionalizando, trocando informações e experiências, aprendendo a lidar com o público, que, por sua vez, mudava a olhos vistos.

Grandes impactos aconteceram no século passado, como os citados neste trabalho, no capítulo das origens da publicidade. A troca de informação já não é de pessoa a pessoa, as ações importantes repercutem e se multiplicam. No afã de vender, e vender melhor, as agências e as empresas vão, constantemente, estudar as novas experimentações e, sem pudor de autoria, utilizar tudo o que lhes parece oportuno.

Mudam os meios, as mídias, mudam as mensagens. Muda a sociedade, e o único laboratório de estudos do comportamento humano plenamente financiado é a publicidade. Enquanto pesquisadores lutam com verbas irrisórias, as agências lidam com quantias enormes, com o objetivo precípuo de vender, apoiar a produção, permitir crescimento.

As experimentações se sucedem, em mensagens; e seu conteúdo, em mídias; e sua utilização, em sistemas, que vão surgir, baseados em novas maneiras de enviar mensagens, interessar consumidores, diferenciar produtos e marcas.

Se, nos primeiros anos do século XX, a publicidade resolvia tudo, hoje temos a Promoção de Vendas, o Marketing Direto, o Merchandising, Eventos, Incentivo, Fidelização, Design, e um sem número de especializações, cada qual com sua indicação de uso, cada qual com seus truques e procedimentos específicos.

É difícil definir onde um sistema começa e o outro termina, tal sua dimensão e variedade. Sabe-se, apenas, que aconteceu uma multiplicação fantástica, tornando cada vez mais preciso o tiro; e cada vez mais complexo o diagnóstico.

✱ DESCRÉDITO DAS MENSAGENS

Ao longo de todo o século XX, o caráter de inovação atribuído à publicidade e a sua capacidade de alterar hábitos e costumes, despertando desejos e gerando vontades, foram alvo de críticas severas e ácidas. Seus detratores insistem no fato de que desejos são criados. Eu discordo.

Creio que desejos são inerentes à condição humana, e a publicidade apenas mexe na ferida, avisando as pessoas da existência de produtos. Não existe nenhuma condição no mundo capaz de me fazer gastar meu suado dinheiro com alguns tipos de produto que, definitivamente, não contêm apelo algum à minha pessoa. Por mais edificante que, por exemplo, uma campanha sobre absorventes femininos possa ser, não contém apelo suficiente para meu consumo. E eu não posso ser seduzido à compra.

O fato real, em minha opinião, é que a publicidade expõe produtos, amplia a faixa de interesse, populariza e democratiza o consumo.

E isso, obviamente, rompe com o imobilismo e a aceitação. Todos passam a desejar tudo, e isso traz inquietação e gera desobediência. Carros, joias, sapatos, roupas, eletrodomésticos, aparelhos de som, televisores, celulares, computadores, viagens, tudo passa a ser objeto de desejo de qualquer ser humano. Ocorre que nossa sociedade não pode contemplar todos os participantes, pelo fato de não conseguir distribuir igualmente as riquezas existentes.

Mas, já foi pior. Depois de tantos anos escutando promessas, assistindo a maravilhas, escutando apelos de consumo e dos benefícios trazidos por ele, o homem aprende a filtrar. Poucas são as pessoas que ainda acreditam nas promessas implícitas nos anúncios.

Aprendemos, a duras penas, a desacreditar.

Nunca, em nossa sociedade, um contingente tão grande de pessoas teve tanto conforto, e nunca, em nossa história, houve tanta insatisfação.

Mas a falha, volto a dizer, é do sistema como um todo, e envolve todos os setores humanos, da pesquisa científica à produção artística; da produção de mercadorias ao sistema bancário.

Somos movidos pelos desejos, pela insatisfação, pelo materialismo. A sociedade de consumo é uma impressionante máquina de geração de mudanças, alimentada pela insatisfação. E a publicidade tem seu papel nisso, como todas as outras atividades.

Mas já se vão mais de cem anos que somos submetidos às implícitas promessas de sucesso, vida fácil, conforto e bem viver. E já aprendemos que isso não é assim.

Então vem o descrédito. Os efeitos das mensagens não são mais os mesmos.

E a publicidade volta-se para outros mecanismos, mais precisos, mais cuidadosos, mais próprios às vendas desejadas.

Os meios de comunicação de massa vão se adequando à divulgação de imagens de marcas, construindo reputações. E a venda de produtos ganha novas e poderosas ferramentas, na identificação do público e em mensagens mais realistas.

Campanhas premiadíssimas em festivais publicitários nem sempre vendem adequadamente os produtos do fabricante, e as empresas, movidas a lucro, trocam de agência, buscando mais efetividade e eficácia na colocação dos seus.

É uma nova era, em que a relação produtor-consumidor precisa obedecer a códigos de respeito e realidade.

* MARCA

Então vem a marca, unindo esforços, unificando a comunicação, maximizando todo e qualquer momento de contato entre a empresa e o consumidor.

As ferramentas de comunicação foram se diversificando, surgiram especialidades em todas as vertentes, e usos específicos para cada situação. E surgiram agências especializadas em cada tipo de ferramenta.

À medida que essas ferramentas eram usadas, a imagem da marca ia se desgastando em usos inadequados, esforços desnecessários e sugestões erradas.

No momento em que a confiança é fundamental, a empresa tem de falar sempre da mesma forma. E alguém tem de coordenar os esforços.

Surge o raciocínio de brand.[7] Erroneamente identificado como um desdobramento do design, tal raciocínio fundamenta-se na unidade de ações que envolvem a marca do fabricante. Digo erroneamente por não se tratar de uma ação de design propriamente dita.[8] O pensar a marca, como o

7 Marca comercial ou nome fantasia que identifica um produto ou uma linha de produtos, ou um produtor.

8 Cabe aqui uma palavra com respeito ao design. Enquanto a arte vivenciava convulsões e percalços, lá por meados do século XIX, um ramo se desprende e abraça a produção. Esse ramo origina o design, a publicidade e outros sistemas dos quais falaremos em outra oportunidade.

próprio nome diz, é um dos itens da pauta da atividade publicitária desde há muito. A nós, do ramo, pouco importa quem coordene tais atividades. Importa, sim, que elas são complementares, unem a comunicação ao design, e resultam numa síntese que facilita a identificação do público consumidor no momento da compra. Mas o raciocínio de brand tem muito mais da comunicação do que do design, já que pretende unir ações de comunicação, e não destacar apenas o desenho de marca.

Obviamente, esses não são temas simples, nem mesmo definitivos. Servem mais de lembrete para um raciocínio futuro. Mas nada mais vão e fútil do que exercitar a futurologia, sugerir tendências, caminhos e procedimentos. E este trabalho não pretende enveredar por essa rota.

Mas perceber o presente pode ser valioso para estudiosos do amanhã, que venham a se debruçar sobre os temas de nosso tempo.

E os temas aqui relacionados me parecem oportunos, pela sua capacidade de expansão e pela força de seus conceitos.

Máquinas, como a do consumo, seguem suas próprias engrenagens, não deixam muito espaço para considerações que não sejam as constatações dos fatos.

E os fatos ocorrem com uma velocidade espantosa, em caráter absolutamente definitivo, e com um poder de transformação que excede nossas expectativas.

Lembremo-nos que é um momento de intranquilidade política, com diferenças vindo à tona. De um lado, o consumo apoiado pelas ideias capitalistas e, de outro, a recusa apoiada pelas ideias socialistas. Sabemos, hoje, o final das diferenças, quando triunfa a organização capitalista, permeada pelas preocupações sociais que integravam o ideário socialista. Neste início de século XXI, enquanto, por motivos diversos, atividades tradicionais perdem fôlego, o design – ligado à produção de bens – ganha um espaço inusitado e vive um momento de grande euforia, de vento a favor.

FIGURA 1 | CARTAZ DO FILME *CIDADÃO KANE*, DE ORSON WELLES, 1941.

FIGURA 2 | CARTAZ DA FEIRA MUNDIAL DE NOVA YORK, 1939.

FIGURA 3 | CARTAZ PELO ESFORÇO DE GUERRA NORTE-AMERICANO DURANTE A SEGUNDA GUERRA MUNDIAL, 1943.

FIGURA 4 | ANÚNCIO DO RÁDIO GRAYBAR, 1928.

FIGURA 5 | ANÚNCIO DO SIMCA CHAMBORD, 1960.

FIGURAS 6 e 7 | CARTAZES DE JULES CHÉRET, 1866.

FIGURAS 8 e 9 | CARTAZES DE HENRI DE TOULOUSE-LAUTREC. 1892.

FIGURAS 10 e 11 | CARTAZES DE ALPHONSE MUCHA, 1897.

FIGURAS 12 e 13 | CARTAZES DE WILL BRADLEY, 1895.

FIGURA 14 | PÔSTER FEITO PELA CENTRAL DE TRABALHADORES DE CUBA. *C.* 1965.

FIGURA 15 | O PÔSTER COM A IMAGEM DE CHE GUEVARA É UM DOS MAIS DIFUNDIDOS ATÉ HOJE.

FIGURAS 16, 17 E 18 | CAPAS DAS REVISTAS *CARETA*, DE JUNHO DE 1919; *FON FON*, DE ABRIL DE 1955; E *REVISTA DA SEMANA*, DE JANEIRO DE 1937.

FIGURAS 19 E 20 | CARTAZES DOS FILMES *GILDA*, DE CHARLES VIDOR, 1946; E *JUVENTUDE TRANSVIADA*, DE NICHOLAS RAY, 1955.

FIGURA 21 | "NÓS, TRABALHADORES, ACORDAMOS", CARTAZ NAZISTA, 1932.

FIGURA 22 | ANÚNCIO DE SAPATOS NORTE-AMERICANOS, *C.* 1900.

FIGURA 23 | ANÚNCIO DO BROMIL, 1910.

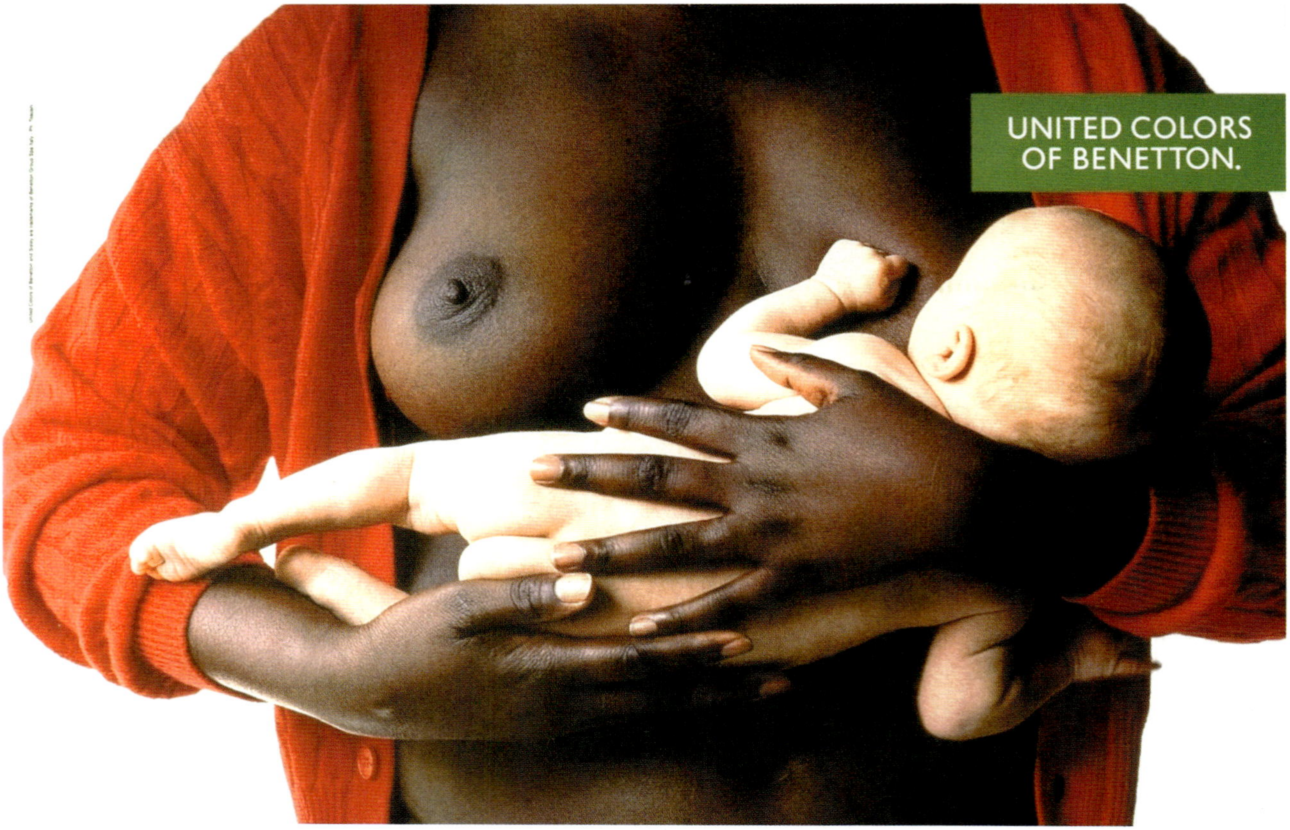

FIGURAS 24, 25, 26 E 27 | ANÚNCIOS PROVOCADORES DA BENETTON, COM FOTOS DE OLIVIERO TOSCANI.

UNITED COLORS
OF BENETTON.

UNITED COLORS
OF BENETTON.

UNITED COLORS
OF BENETTON.

FIGURA 28 | ANÚNCIO DO CAFÉ DU BRÉSIL.

FIGURAS 29, 30 E 31 | ANÚNCIOS DA SÉRIE "AH", DA KOLYNOS.

FIGURA 32 | ANÚNCIO DA ALPARGATAS, 1953.

FIGURAS 33, 34 E 35 | ENTENDIMENTO DIFÍCIL EM PEÇAS DE SUCESSO E REPERCUSSÃO. MENSAGENS CADA VEZ MAIS CIFRADAS E DEPENDENTES DE CÓDIGOS CONHECIDOS POR LARGA CAMADA DA POPULAÇÃO.

Mais de duas mil mulheres disputaram as Olimpíadas de Montreal.
Durante quinze dias, elas jogaram vôlei, basquete; nadaram, correram, saltaram; quebraram recordes; apareceram na televisão, nas revistas; receberam medalhas de ouro, prata e bronze.
Pelo menos metade dessas atletas ficou menstruada durante esses dias.
Mas ninguém notou isso. E nem elas deixaram de competir. O motivo?
A maior parte delas estava usando os absorventes internos o.b.*, iguais aos que existem no Brasil.
o.b.* absorve melhor o fluxo menstrual, é fácil de pôr e de tirar e, quando colocado corretamente, você não sente de jeito nenhum.
absorventes internos
o.b.
Johnson & Johnson
o.b.* A grande vedete das últimas Olimpíadas.
o.b.*

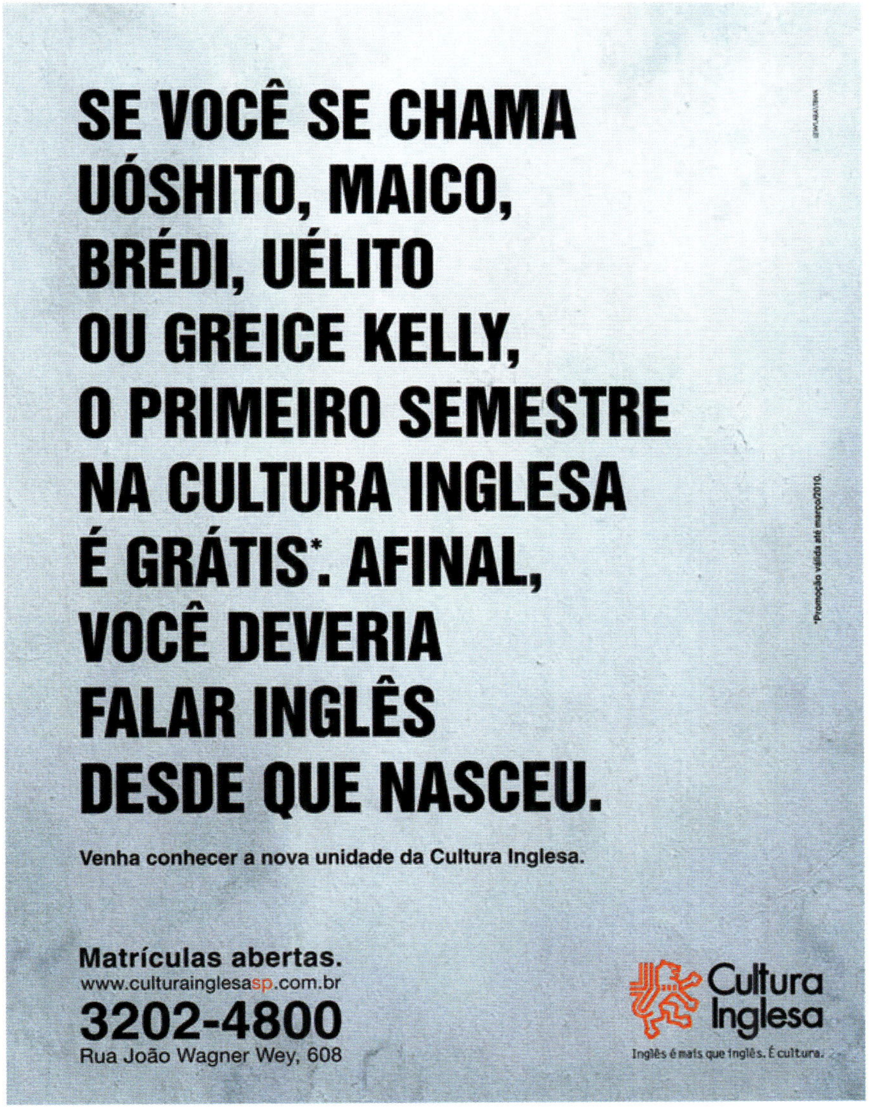
SE VOCÊ SE CHAMA
UÓSHITO, MAICO,
BRÉDI, UÉLITO
OU GREICE KELLY,
O PRIMEIRO SEMESTRE
NA CULTURA INGLESA
É GRÁTIS*. AFINAL,
VOCÊ DEVERIA
FALAR INGLÊS
DESDE QUE NASCEU.
Venha conhecer a nova unidade da Cultura Inglesa.
Matrículas abertas.
www.culturainglesasp.com.br
3202-4800
Rua João Wagner Wey, 608
Cultura Inglesa
Inglês é mais que inglês. É cultura.
*Promoção válida até março/2010.

Password

A publicidade condensou a linguagem; encapsulou o discurso; simplificou a comunicação.

Fez isso retirando sentidos?! Não. Instaurou a redundância e a repetição – sim –, que fazem a base da comunicação de nossos dias, mas não retirou nada que não fosse desprezível. Em compensação, multiplicou seriamente as possibilidades dos significados, com adições importantes.

Em vez de esvaziar as mensagens, usou de "nós" (o plural de nó), no sentido de manter a integridade da informação. Cada anúncio dos nossos dias é um nó de ideias. Imagem e texto abrem possibilidades infinitas de significação, que estão na cabeça de cada leitor, coisas de sua própria formação, de seu próprio universo.

Não se perde informação, não se perde público; ganham-se espaço e tempo. Basta agregar. Zipar. Dobrar, como uma peça de roupa.

É uma extensão da teoria da informação, uma aplicação prática, uma continuidade. Retira-se algo da mensagem, fazendo com que ela reduza seu tamanho, e garante-se – pela cumplicidade de toda uma sociedade – o entendimento posterior. Entropia causada pela eliminação de termos.

É claro que essa eliminação de termos gera tensão. Algo fica faltando, como se o equilíbrio só fosse alcançado por meio de algum artifício.

Essa tensão é resolvida com a(s) decodificação(ões) da mensagem, somada(s) à percepção e à maravilha do descobrimento. *Gestalt* a serviço da emoção.

Sim, porque aliado à agregação de mensagens, temos o acréscimo de emoção. A propaganda não se apoia na transmissão de informações: baseia-se na condução de emoções, com propósitos francamente mercantilistas.

Sentimentos provocados pela imagem, sensações provocadas pela ação de desdobrar. Emoções provocadas pela imprecisão de alguns textos, e pela inadequação de certas falas, quando retiradas do contexto tradicional. Tudo a serviço do consumo: razão do esforço, consequência e causa.

Nada mais será linear. Desaparece o emissor, desaparece o receptor. Como falou Milton Nascimento, anos atrás, captando o ambiente de mudanças: "Nada será como antes".

De nossos dias em diante, deve permanecer ativa a alternativa do entendimento dos nós, cada vez menos evidentes, acessados pela publicidade de hoje e de ontem, sempre repleta de *links* e referências pessoais que ampliam todos os sentidos.

A realidade que está chegando será, com certeza, maior e melhor, trazendo às nossas vidas uma riqueza de sentido que transformará esse monótono passeio pela favela num *tour* emocionado de contribuição e solidariedade.

Nada se descarta na aventura humana: a antropofagia – Oswald ficaria feliz – é universal. A arte se encarrega da experimentação, descartando erros, gerando cultura.

Porém, para maximizar a evolução da sociedade, deve-se transmitir a cultura. As mídias dessa transmissão são tecnologicamente adequadas aos conceitos e à linguagem adotada. Cada era com sua tecnologia, seus sistemas, suas máquinas e seus usos.

O código dos nossos tempos exige mensagens curtas, efetivas e funcionais. Facilmente perceptíveis, quase instantâneas.

Inteligência maquínica, precisa, programada.

E a melhor forma da mensagem não tem centro. Sua estrutura se agrupa em torno do espectador, não é linear; a mesma palavra pode ser usada por milhares de textos, economizando montanhas de espaços de armazenamento. São pensamentos que fundem o virtual e o real, mas que são viáveis para quem começa a percorrer o caminho do amanhã.

Não acredite em mim: pergunte ao seu filho.

A informação de hoje está sendo processada de forma mais que amigável em computadores que se tornam obsoletos em períodos cada vez mais curtos.

A sociedade evoluiu tecnológica e intelectualmente o suficiente para ligar o botão dessa máquina inebriante que nos levará por caminhos que nem sonho imaginar.

E no momento exato em que a tela se ilumina, no pórtico desses novos tempos, e o zumbido suave indica que a máquina está pronta, um "quadro de acesso" pisca, intermitente, uma pergunta aflitiva que foi nossa questão imediata, discutida ao longo desse percurso.

"*Password?*", pergunta a máquina, solicitando a senha que abre o capítulo do contemporâneo, do atual, do presente mais que imediato.

E, observando a paisagem alterada ao redor, com estímulos sensoriais estonteantes, promessas de prazer estampadas em espaços visíveis para que os possamos perceber, respondemos com decisão e firmeza, digitando: **Publicidade, a máquina de divulgar**.

Bibliografia

ASCOTT, Roy. "Cultivando o hipercórtex". Em DOMINGUES, Diana (org.). *A arte no século XXI.* São Paulo: Editora da Unesp, 1997.

AZEVEDO, Wilton. *Os signos do design.* Col. Contatos imediatos. 2ª ed. São Paulo: Global, 1996.

BUSH, Vannevar. "As We May Think". Em *The Atlantic Monthly*, jul. 1945, disponível em http://www.theatlantic.com/doc/194507/bush.

CASTELO BRANCO, Renato. *História da propaganda no Brasil.* São Paulo: T. A. Queiroz, 1990.

CHAVES, Fernando de Oliveira, "Algumas questões referentes à relação entre tecnologia e a arte na história da fotografia". Em CORRÊA, Tupã Gomes (org.). *Comunicação para o mercado.* São Paulo: Edicon, 1995.

DE FLEUR, Melvin. *Teorias de comunicação de massa.* 2ª ed. Rio de Janeiro: Zahar, 1976.

DE MASI, Domenico. *O futuro do trabalho*. Rio de Janeiro: José Olympio, 2001.

DENIS, Rafael Cardoso. *Uma introdução à história do design.* São Paulo: Edgard Blücher, 2000.

EPSTEIN, Isaac. *Teoria da informação*. Série Princípios. 4ª ed. São Paulo: Ática, 1998.

FERRO, Sérgio. *O canteiro e o desenho.* São Paulo: Projeto, 1979.

HOLLANDA, Sérgio Buarque de. *Visão do paraíso.* 4ª ed. São Paulo: Brasiliense, 1985.

HUBERMAN, Leo. *História da riqueza do homem*. 21ª ed. Rio de Janeiro: LTC, 1986.

LARA JUNIOR, Milton Martins de. "A publicidade e a arte". Em CONTRERA, Malena Segura & HATTORI, Osvaldo Takaoki (orgs.). *Publicidade e Cia*. São Paulo: Pioneira/Thomson Learning, 2003.

LÉVY, Pierre. *Tecnologias da inteligência.* Rio de Janeiro: Editora 34, 1993.

LIMA, Luiz Costa (org.). *Teoria da cultura de massa.* 3ª ed. Rio de Janeiro: Paz e Terra,1990.

MALANGA, Eugênio. *Publicidade, uma introdução.* 4ª ed. São Paulo: Edima, 1987.

McLUHAN, Marshall. *Os meios de comunicação como extensão do homem*. São Paulo: Cultrix, 1971.

MOURA, Gérson. *Tio Sam chega ao Brasil.* São Paulo: Brasiliense, 1995.

OGILVY, David. *Confissões de um publicitário.* Rio de Janeiro: Bertrand Brasil, 1993.

PERISCINOTO, Alex. *Mais vale o que se aprende que o que te ensinam.* São Paulo: Best Seller, 1995.

PINHEIRO, Paulo Sérgio & HOLLANDA, Sérgio Buarque de (orgs.). *Nosso século, 1900-1910: a era dos bacharéis.* São Paulo: Abril Cultural, 1980.

_____. *Nosso século, 1930-1945: a era de Vargas.* São Paulo: Abril Cultural, 1980.

RAMOS, Ricardo. *Do reclame à comunicação*. São Paulo: Atual, 1985.

RANDAZO, Sal. *A criação dos mitos na publicidade*. Rio de Janeiro: Rocco, 1997.

RIZZINI, Carlos. *O jornalismo antes da tipografia.* São Paulo: Nacional, 1977.

SAN PANCRAZIO, Paulino da. *Promoção de vendas.* São Paulo: Futura, 2000.

SANTOS, Joaquim Ferreira dos. *Feliz 1958: o ano que não devia terminar*. Rio de Janeiro: Record, 1997.

SILVA, Hélio. *1954: um tiro no coração.* Rio de Janeiro: Civilização Brasileira, 1968.

TOTA, Antonio Pedro. *O imperialismo sedutor.* São Paulo: Companhia das Letras, 2000.

WELLES, Orson (dir.). *Cidadão Kane*. Los Angeles: RKO Radio, 1941.

Bibliografia complementar

AMBRÓSIO, Vicente. *Plano de marketing passo a passo*. Rio de Janeiro: Reichmann & Affonso, 1999.

ARBEX, José & TOGNOLI, Claúdio Júlio. *Mundo pós-moderno*. Col. Ponto de apoio. São Paulo: Scipione, 1996.

ARNHEIM, Rudolf. *Arte e percepção visual*. São Paulo: Pioneira, 1980.

BAIRON, Sérgio. *Multimídia*. Col. Contatos imediatos. São Paulo: Global, 1995.

BARNICOAT, John. *Los carteles*. 5ª ed. Barcelona: Gustavo Gili, 2000.

BARTHES, Roland. *Mitologias*. São Paulo: Difel, 1975.

______. *A câmara clara*. Rio de Janeiro: Nova Fronteira, 1984.

BAUDRILLARD, Jean. *A transparência do mal*. 3ª ed. Campinas: Papirus, 1996.

______. *O sistema dos objetos*. 3ª ed. São Paulo: Perspectiva, 1997.

BENJAMIN, Walter. "A obra de arte na era da reprodutibilidade técnica". Em LIMA, Luiz Costa. *Teoria de cultura de massa*. 3ª ed. Rio de Janeiro: Paz e Terra, 1978.

BRIDGEWATER, Peter. *Design gráfico*. Lisboa: Estampa, 1999.

CERTEAU, Michel de. *A invenção do cotidiano*. Petrópolis: Vozes, 1994.

CESAR, Newton. *Direção de arte em propaganda*. São Paulo: Futura, 2000.

CHALHUB, Samira. *Funções da linguagem*. Série Princípios. 7ª ed. São Paulo: Ática, 1995.

CHOMSKY, Noam. *A minoria próspera e a multidão inquieta*. 2ª ed. Brasília: UNB, 1999.

COELHO, Teixeira. *O que é indústria cultural*. Col. Primeiros passos. 14ª ed. São Paulo: Brasiliense, 1991.

CONTRERA Malena Segura & HATTORI, Takaoki. *Publicidade & Cia*. São Paulo: Pioneira Thomson, 2003.

CORRÊA, Tupã Gomes (org.). *Comunicação para o mercado*. São Paulo: Edicon, 1995.

COSTA, Cristina. *Arte: resistências e rupturas*. São Paulo: Moderna, 1998.

_____. *Questões de arte*. São Paulo: Moderna, 1999.

COSTA, Rogério da (org). *Limiares do contemporâneo*. São Paulo: Escuta, 1993.

CRAIG, James. *Produção gráfica*. 3ª ed. São Paulo: Nobel, 1987.

DIZARD, Wilson P. *A nova mídia*. Rio de Janeiro: Jorge Zahar, 1998.

DOMINGUES, Diana (org). *A arte no século XXI*. São Paulo: Unesp, 1998.

DONDIS, Donis. *Sintaxe da linguagem visual*. São Paulo: Martins Fontes, 1991.

DORFLES, Gillo. *O devir das artes*. São Paulo: Martins Fontes, 1992.

DORIA, Francisco Antonio. *Comunicação: dos fundamentos à internet*. Rio de Janeiro: Revan, 1999.

DUAILIBI, Roberto & SIMONSEN JUNIOR, Harry. *Criatividade & marketing*. São Paulo: Makron, 2000.

ECO, Umberto. *A estrutura ausente*. São Paulo: Perspectiva,1974.

EDWARDS, Betty. *Desenhando com o lado direito do cérebro*. 12ª ed. Rio de Janeiro: Ediouro, 1984.

FERNANDES, Maury Cardoso. *Criatividade, um guia prático*. São Paulo: Futura, 1998.

FERRARA, Lucrecia D'Alessio. *A estratégia dos signos*. 2ª ed. São Paulo: Perspectiva, 1986.

FIORIN, José Luiz. *Linguagem e ideologia*. Série Princípios. 4ª ed. São Paulo: Ática, 1995.

GANDRA, José Ruy. *História da propaganda criativa no Brasil*. São Paulo: CCSP, 1995.

GUINZBURG, Carlo. *Mitos, emblemas e sinais*. São Paulo: Companhia das Letras, 1989.

GULLAR, Ferreira. *Argumentação contra a morte da arte*. Rio de Janeiro: Revan, 1993.

GUO-MING, Chen & STAROSTA, William J. *Intercultural Communication*. Boston: Allyn & Bacon, 1997.

HAUSER, Arnold. *História social da literatura e da arte*. São Paulo: Mestre Jou, 1973.

_____. *A arte e a sociedade*. Lisboa: Presença, 1984.

HOLLIS, Richard. *Graphic Design: a Concise History*. London: Thames & Hudson, 1997.

HOPKINS, Claude. *A ciência da propaganda*. 5ª ed. São Paulo: Cultrix, 1993.

HULBURT, Alen. *Layout: o design da página impressa*. 2ª ed. São Paulo: Nobel, 1986.

JAKOBSON, Roman. *Linguística e comunicação*. São Paulo: Cultrix, 1991.

KOSSOY, Boris. *Realidades e ficções na trama fotográfica*. Cotia: Ateliê, 1999.

LEVITT, Theodore. *A imaginação do marketing*. São Paulo: Atlas, 1998.

LIPOVETSKY, Gilles. *O império do efêmero*. São Paulo: Companhia das Letras, 1993.

MACHADO, Arlindo. *Máquina & imaginário*. São Paulo: Edusp, 1993.

MANGEL, Alberto. *Uma história da leitura*. São Paulo: Companhia das Letras, 1997.

MATTELART, Armand. *Comunicação-mundo*. Petrópolis: Vozes, 1994.

McLUHAN, Marshall. *O meio são as massa-gens*. Rio de Janeiro: Record, 1969.

_____ & FIORE, Quentin. *Guerra e paz na aldeia global*. Rio de Janeiro: Record, 1974.

MENA-BARRETO, Roberto. *Criatividade em propaganda*. São Paulo: Summus, 1982.

_____. *A criatividade no trabalho e na vida*. São Paulo: Summus, 1997.

MOLLES, Abraham. *O cartaz*. São Paulo: Perspectiva, 1974.

MORAIS, Frederico. *Arte é o que eu e você chamamos arte*. Rio de Janeiro: Record, 1998.

MUYLAERT, Roberto. *Marketing cultural*. 3ª ed. São Paulo: Globo, 1994.

NACHMANOVITCH, Stephen. *Ser criativo*. São Paulo: Summus, 1993.

NÖTH, Winfried. *Panorama da semiótica*. São Paulo: Annablume, 1995.

OGILVY, David. *A publicidade segundo Ogilvy*. São Paulo: Prêmio, 1985.

PREDEBON, José. *Criatividade hoje*. São Paulo: Atlas, 1999.

RÉMOND, René. *História dos Estados Unidos*. São Paulo: Martins Fontes, 1989.

RIBEIRO, Julio. *Fazer acontecer*. 5ª ed. São Paulo: Cultura, 1998.

RIBEIRO, Milton. *Planejamento visual gráfico*. Brasília: Linha, 1993.

RIES, Al & TROUT, Jack. *Marketing de guerra*. 29ª ed. São Paulo: McGrawHill, 1986.

SAMPAIO, Rafael. *Propaganda de A a Z*. Rio de Janeiro: Campus, 1995.

SANTAELLA, Lucia. *Produção de linguagem e ideologia*. São Paulo: Cortez, 1996.

_____. *Cultura das mídias*. São Paulo: Experimento, 1996.

SANT'ANNA, Armando. *Propaganda: teoria, técnica e prática*. São Paulo: Pioneira, 1998.

SARTRE, Jean-Paul. *O imaginário*. São Paulo: Ática, 1996.

SOUZA, Francisco Madia. *Introdução ao marketing de 6ª geração*. São Paulo: McGrawHill, 1994.

SOUZA, Pedro Luiz Pereira. *Notas para uma história do design*. Rio de Janeiro: 2AB, 1997.

SUSSKIND, Lawrence & FIELD, Patrick. *Em crise com a opinião pública*. São Paulo: Futura, 1997.

TARSITANO, Paulo Rogério (org). *Publicidade: análise da produção publicitária e da formação profissional*. Mauá: P. R. Tarsitano, 1998.

THOMPSON, Charles. *Grande ideia*. São Paulo: Saraiva, 1993.

VALENTE, André. *A linguagem nossa de cada dia*. Rio de Janeiro: Leviatã, 1997.

VIGOTSKY, Lev S. *Pensamento e linguagem*. São Paulo: Martins Fontes, 1993.

WIENER, Norbert. *Cibernética e sociedade*. 2ª ed. São Paulo: Cultrix, 1978.